安徽大學藏戰國竹簡・詩經

安徽大學漢字發展與應用研究中心 編

黄德寬 徐在國 主編

中西書局

國家社科基金冷門絕學研究專項學術團隊項目,《安大藏戰國竹簡儒家類文獻的整理與研究》(21VJXT006)階段性成果。

目　録

凡　例

1. 本書由"釋文""注釋""參考文獻""圖版"組成。

2. 釋文分"嚴格隸定""寬式釋文"兩個部分。異體字、通假字在寬式釋文中用通行字表示。

3. 每首詩的每一章，釋文均另起一行。

4. 原簡字迹殘缺，以一"□"代表一字。不能確定字數的，用"……"表示。竹簡殘損者，用"⊘"表示。簡文原編號加"【　】"。

5. 原簡的句讀符號，釋文使用現代標點。

6. 每首詩的釋文、注釋之後，附有相應的《毛詩》。

7. 參考書目用簡稱，簡稱所代表的全稱見參考文獻。

周　南

《周南》簡現存十八支，整簡長48.5釐米、寬0.6釐米，三道編繩，每簡二十七至三十四字不等。簡背有劃痕，簡首尾留白，簡面下部有編號，從"一"至"十七""二十"，簡號"十七"殘"七"字。缺第十八、十九兩支簡。第二十號簡末有"周南十又一"，標明《周南》收詩十一篇。

關　雎

簡本《關雎》五章，章四句，與《毛詩》同。

【嚴格隸定】

關=疋鴞，[一]才河之州。要翟㝅女，[二]君子好戳。[三]
晶篡芫菜，[四]左右流之。要翟㝅女，㤉【一】帚求之。[五]
求之弗㫐，㤉帚思怀。[六]舀=才=，[七]邅傳反昃。[八]
晶篡芫菜，左右采之。要翟㝅女，琴【二】瑟有之。
晶篡芫菜，左右教之。[九]要翟㝅女，鐘歆樂之。

【寬式釋文】

關關雎鳩，在河之州。腰嬳淑女，君子好仇。
參差荇菜，左右流之。腰嬳淑女，寤【一】寢求之。
求之弗得，寤寢思服。悠哉悠哉，輾傳反昃。
參差荇菜，左右采之。腰嬳淑女，琴【二】瑟友之。
參差荇菜，左右芼之。腰嬳淑女，鐘鼓樂之。

注釋：

〔一〕 關=疋鴞：“關”，見於《説文》，讀爲“關”。“關關”，或讀爲“鷖
　　　鷖”，像鷖鳥一樣的叫聲，形容聲音和悦。“疋”，讀爲“雎”。
　　　“鴞”，即“鳩”字異體。

〔二〕 要翟曻女："要","腰"字初文。"要翟",讀爲"腰孎",即細腰,
細而長的腰身。"曻",讀爲"淑"。"腰孎淑女",即細腰漂亮的
女子。或讀爲"窈窕"。

〔三〕 君子好戡："戡","仇"字異體,指配偶。

〔四〕 晶篸芤菜："晶","參"之省。"篸",讀爲"差"。"參差",不齊
貌。"芤",草名,讀爲"荇"。《爾雅・釋草》:"芤,東蘦。"

〔五〕 倍帰求之："倍",疑"伍"之異體,讀爲"寤"。"帰","寢"字異
體。"寤寢",與"寤寐"義同。

〔六〕 倍帰思怀：思怀,思念、想念。

〔七〕 舀=才=："舀才",讀爲"悠哉"。《毛傳》:"悠,思也。"《鄭箋》:
"思之哉! 思之哉! 言己誠思之。"

〔八〕 邅傳反昃："邅",疑"輾"字異體。"輾傳",義同"輾轉",指
翻來覆去之貌。"昃""側"音義俱近。"反昃",義即"反側",《孔
疏》:"猶反覆。"與"輾轉"義同。

〔九〕 左右教之："教",疑讀爲"芼"。《毛傳》:"芼,擇也。"

附録:

《毛詩・周南・關雎》

關關雎鳩,在河之洲。窈窕淑女,君子好逑。
參差荇菜,左右流之。窈窕淑女,寤寐求之。
求之不得,寤寐思服。悠哉悠哉,輾轉反側。
參差荇菜,左右采之。窈窕淑女,琴瑟友之。
參差荇菜,左右芼之。窈窕淑女,鐘鼓樂之。

葛 覃

簡本《葛覃》三章，章六句，與《毛詩》同。

【嚴格隸定】

　　葛之㕛可，〔一〕陀于宙浴，〔二〕佳【三】葉萋=。〔三〕黃鳥于鸘，〔四〕集于權木，〔五〕亓鳴䎃=。〔六〕

　　葛之㕛可，陀于宙浴，佳葉莫=。〔七〕是刘是穫【四】，〔八〕爲絺爲郤，〔九〕備之無睪。〔十〕

　　詹告帀氏，〔十一〕言告言逨。專穢我厶，〔十二〕專灌我衣。〔十三〕害灌害【五】否，〔十四〕逨盗父毋。〔十五〕

【寬式釋文】

　　葛之覃兮，施于中谷，維【三】葉萋萋。黃鳥于飛，集于權木，其鳴喈喈。

　　葛之覃兮，施于中谷，維葉莫莫。是刈是穫【四】，爲絺爲綌，服之無斁。

　　言告師氏，言告言歸。薄澣我私，薄澣我衣。曷澣曷【五】否，歸寧父母。

注釋：

〔一〕　葛之㕛可："葛"楚文字習見，字形待考。"㕛"，所從"尋""由"

二旁皆聲，讀爲"覃"。《爾雅·釋言》："覃，延也。""可"，讀爲"兮"。

〔二〕 陀于审浴："陀"，讀爲"施"。《毛傳》："施，移也。""审"，"中"字繁體。"浴"，"谷"字繁文。《毛傳》："中谷，谷中也。"

〔三〕 佳葉萋＝："佳"，讀爲"維"，句首語氣詞。

〔四〕 黃鳥于鶍："鶍"，從"鳥"，"悲"聲，"飛"字異體。《毛傳》："黃鳥，摶黍也。"

〔五〕 集于權木："權"，"樌"字異體。《集韻·換韻》："樌，木叢生。或作權。"

〔六〕 亓鳴喢喢："喢"，從"鳴"，"利"聲，"唶"字異體。

〔八〕 是刈是穫："刈"，是刈禾之"刈"的專字。古代"刈"與"穫"互訓，《玉篇》："刈，穫也。"《毛詩·小雅·大東》"無浸穫薪"，《毛傳》："穫，艾（刈）也。""刈穫"二字可連用，是收割、收穫的意思。

〔九〕 爲絺爲綌："絺"，所從"希""氏"二旁皆聲，"絺"字異體。"綌"從"巾"或"希"，"却"省聲，即《説文》"綌"字異體。

〔十〕 備之無斁："備"，讀爲"服"。"斁"，讀爲"斁"。《毛傳》："斁，厭也。"

〔十一〕詹告亓氏："詹"，"諹"字異體。"諹""言"音同可通。《毛傳》："言，我也。"

〔十二〕專穫我厶：《毛詩》作"薄汙我私"。"穫"，讀爲"濩"。《毛詩·周南·葛覃》"是刈是濩"，《釋文》引《韓詩》："濩，瀹也。"《説文》水部"瀹，漬也"，段注："此蓋謂納於污濁也。"《毛傳》："私，燕服也。"指內衣。

〔十三〕專灌我衣："灌"，讀爲"澣"。《毛傳》："澣，謂濯之耳。"

〔十四〕害澣害否：《毛詩》作“害澣害否”。“害”，讀爲“曷”。《毛傳》：
　　　　“害，何也。”
〔十五〕遑窋父母：“窋”，“窋”字異體，《説文》宀部：“窋，安也。”“遑”，
　　　　同“歸”。

附録：

《毛詩·周南·葛覃》

　葛之覃兮，施于中谷，維葉萋萋。黃鳥于飛，集於灌木，其鳴喈喈。
　葛之覃兮，施于中谷，維葉莫莫。是刈是濩，爲絺爲綌，服之無斁。
　言告師氏，言告言歸。薄汙我私，薄澣我衣。害澣害否，歸寧父母。

卷　耳

簡本《卷耳》四章，章四句，與《毛詩》同。唯簡本第二章爲《毛詩》第三章，簡本第三章爲《毛詩》第二章。

【嚴格隸定】

菜＝蘲耳，〔一〕不盈㚑匡。〔二〕差我裏人，〔三〕實皮周行。〔四〕

陟皮高阮，〔五〕我馬玄黄【六】。〔六〕我古勺皮兒衡，〔七〕佳目䍙驕。〔八〕

陟皮嶸魄，〔九〕我馬忨遺。〔十〕我古勺金罍，〔十一〕佳目䍙裏。〔十二〕

陟【七】皮泜矣，〔十三〕我馬徒矣，〔十四〕我儓夫矣，〔十五〕員可無矣。〔十六〕

【寬式釋文】

采采卷耳，不盈傾筐。嗟我懷人，寘彼周行。

陟彼高岡，我馬玄黄【六】。我姑酌彼兕觥，維以䍙傷。

陟彼崔嵬，我馬虺隤。我姑酌金罍，維以䍙懷。

陟【七】彼砠矣，我馬瘏矣，我僕痡矣，云何吁矣。

注釋：

〔一〕　菜＝蘲耳：《毛詩》作“采采卷耳”。《毛傳》：“采采，事采之也。”“蘲耳”，讀爲“菤耳”或“卷耳”。《毛傳》：“卷耳，苓耳也。”

〔二〕　不盈㚑匡：《毛詩》作“不盈頃筐”。簡本“盈”，“盈”字異體。“㚑”，與楚帛書中“𡊅”“𡊅”當是同一個字，“傾”字異體。“匡”，

"筐"字異體。

〔三〕 差我裹人：讀爲"嗟我懷人"。以"裹"爲"褱"，或爲楚人書寫習慣，與《説文》訓爲"以組帶馬也"的"裹"當非一字（李家浩説）。

〔四〕 寘皮周行：《毛詩》作"寘彼周行"。"寘"，即"寘"，讀爲"寘"。《毛傳》："寘，置。""皮"，讀爲"彼"。

〔五〕 陟皮高阬："阬"，"岡"之異體。《集韻·唐韻》："岡……通作阬，俗作崗。"《毛傳》："山脊曰岡。"

〔六〕 我馬玄黃："馬"，簡文作，寫法獨特。李家浩認爲是加注了"巴"聲。

〔七〕 我古勺皮兕衡：《毛詩》作"我姑酌彼兕觥"。"姑"從"古"聲，"酌"從"勺"聲，故"古"與"姑"、"勺"與"酌"可以通用。《毛傳》："姑，且也。"《説文》西部："酌，盛酒行觴也。"簡本"兕"字原文作，即在"兕"字異體上加注"厶"聲（參徐在國《談楚文字中的"兕"》，《中原文化研究》2017 年第 5 期）。《釋文》"觥"作"觵"。《説文》以"觥"爲"觵"的俗字。"觵"從"黃"聲。典籍常見從"黃"的"橫"與"衡"相通（參高亨《古字通假會典》，齊魯書社，1989 年，第 278—279 頁）。簡本"衡"當從《毛詩》讀爲"觥"。《毛傳》："兕觥，角爵也。"《鄭箋》："觥，罰爵也。"

〔八〕 佳吕羕觴：《毛詩》作"維以不永傷"，"以"下多一"不"字。"觴"，讀爲"傷"，《毛傳》："傷，思也。"簡本此句没有"不"字，意思與《毛詩》截然相反。

〔九〕 陟皮嶵魄："嶵"，從"山"，"衰"聲，"崔"字異體。"魄"，乃"嵬"之異體，其所從"鬼"旁原文可分析爲在"鬼"之上加注"九"聲（李家浩説）。《毛傳》："崔嵬，土山之戴石者。"

〔十〕 我馬伭遺:"伭",即"虺"字異體。"遺",讀爲"隤"。《毛傳》:"虺隤,病也。"

〔十一〕我古勺金罍:《毛詩》作"我姑酌彼金罍"。簡本無"彼"字。"罍",從"金","畾"聲,"罍"字異體。《釋文》:"罍,盧回反,酒罇也。《韓詩》云:'天子以玉飾,諸侯、大夫皆以黃金飾,士以梓。'《禮記》云:'夏曰山罍,其形似壺,容一斛,刻而畫之,爲雲雷之形。'"

〔十二〕隹目羕褢:《毛詩》作"維以不永懷"。簡本無"不"字,意思截然相反。

〔十三〕陟皮泜矣:"泜",讀爲"砠"。《毛傳》:"石山戴土曰砠。"《説文》引《詩》作"陟彼岨矣",段注:"土在上則雨水沮洳,故曰岨。"

〔十四〕我馬徒矣:"徒",讀爲"瘏",《毛傳》:"病也。"

〔十五〕我僕夫矣:"夫",讀爲"痡",《毛傳》:"亦病也。"《孔疏》:"《釋詁》云:'痡、瘏,病也。'孫炎曰:'痡,人疲不能行之病。瘏,馬疲不能進之病也。'"

〔十六〕員可吁矣:讀爲"云何吁矣"。"吁",《毛傳》:"憂也。"

附録:

《毛詩·周南·卷耳》

采采卷耳,不盈頃筐。嗟我懷人,寘彼周行。

陟彼崔嵬,我馬虺隤。我姑酌彼金罍,維以不永懷。

陟彼高岡,我馬玄黃。我姑酌彼兕觥,維以不永傷。

陟彼砠矣,我馬瘏矣,我僕痡矣,云何吁矣。

樛　木

簡本《樛木》三章，章四句，與《毛詩》同。

【嚴格隸定】

南又流木，〔一〕葛藟=之。〔二〕樂也君子，〔三〕福禮俀【八】之。〔四〕

南又流木，葛藟豐之。〔五〕樂也君子，福禮牆之。〔六〕

南又流木，葛藟槙之。〔七〕樂也君【九】子，福禮城之。〔八〕

【寬式釋文】

南有樛木，葛藟纍之。樂也君子，福禮綏【八】之。

南有樛木，葛藟豐之。樂也君子，福禮將之。

南有樛木，葛藟縈之。樂也君【九】子，福禮成之。

注釋：

〔一〕　南又流木：讀爲“南有樛木”。《毛傳》：“木下曲曰樛。”

〔二〕　葛藟=之：讀爲“葛藟纍之”。

〔三〕　樂也君子：《毛詩》作“樂只君子”。據古文字，或以爲“也”“只”
　　　　是一字分化。《釋文》：“只，之氏反，猶是也。”《孔疏》：“《南山
　　　　有臺》箋云‘只之言是’，則此‘只’亦爲‘是’。此箋云‘樂其君
　　　　子’，猶言‘樂是君子’矣。”《詩集傳》：“只，語助辭。”

〔四〕　福禮俀之：“福禮”，事神致福。“俀”，從“人”，“妥”聲，疑是

"綏"字異體，與《集韻·賄韻》訓爲"弱也"的"餒"當非一字。《毛傳》："綏，安也。"

〔五〕 葛藟豐之：《毛詩》作"葛藟荒之"。"豐"，《易·序卦》："豐者，大也。""豐"又有茂盛、茂密義。《毛詩·小雅·湛露》："湛湛露斯，在彼豐草。"劉向《説苑·談叢》："茂木豐草，有時而落。"

〔六〕 福禮牔之：《毛詩》作"福履將之"。"牔"，"醬"之異體，讀爲"將"。《毛傳》："將，大也。"《鄭箋》："將，猶扶助也。"

〔七〕 葛藟楥之："楥"，讀爲"縈"。《毛傳》："縈，旋也。"迴旋纏繞之義。

〔八〕 福禮城之："城""成"諧聲可通。

附録：

《毛詩·周南·樛木》

南有樛木，葛藟纍之。樂只君子，福履綏之。
南有樛木，葛藟荒之。樂只君子，福履將之。
南有樛木，葛藟縈之。樂只君子，福履成之。

螽 斯

简本《螽斯》三章，章四句，與《毛詩》同。簡本第二章爲《毛詩》第三章，簡本第三章爲《毛詩》第二章。

【嚴格隸定】

衆斯之羽，〔一〕选＝可。〔二〕宜尔孫＝，〔三〕箸＝可。〔四〕

衆斯之羽，遭＝可。〔五〕宜尔孫＝，執＝可。〔六〕

衆斯之【十】羽，厷＝可。〔七〕宜尔孫＝。蟹＝可。〔八〕

【寬式釋文】

蟒斯之羽，詵詵兮。宜爾子孫，振振兮。

蟒斯之羽，揖揖兮。宜爾子孫，蟄蟄兮。

蟒斯之【十】羽，莁莁兮。宜爾子孫，繩繩兮。

注釋：

〔一〕 衆斯之羽：讀爲“螽斯之羽”，《毛傳》：“螽斯，蜙蝑也。”

〔二〕 选＝可：讀爲“詵詵兮”。《毛傳》：“詵詵，衆多也。”一説和集貌。《詩集傳》：“詵詵，和集貌。”

〔三〕 宜尔孫＝：《毛詩》作“宜爾子孫”，“孫＝”即“子孫”，右下“＝”乃合文符號。或可徑釋爲“孫”，認爲是無標記的“子孫”合文。

〔四〕 箸＝可：讀爲“振振兮”。馬瑞辰《毛詩傳箋通釋》：“振振，謂衆盛也。”

〔五〕 𨘢= 可：讀爲“揖揖兮”。“揖揖”，《毛傳》：“會聚也。”

〔六〕 執= 可：讀爲“蟄蟄兮”。《毛傳》：“蟄蟄，和集也。”《詩集傳》：“蟄蟄，亦多意。”

〔七〕 厷= 可：“厷=”，讀爲“翃翃”。《廣雅·釋訓》：“翃翃，飛也。”

〔八〕 𧗍= 可：《毛詩》作“繩繩兮”。“𧗍”，從“虫”，“興”聲，即“蠅”字異體。“𧗍(蠅)𧗍(蠅)”，當從《毛詩》讀作“繩繩”。“繩繩”，衆多貌，綿綿不絶貌。《詩集傳》：“繩繩，不絶貌。”

附録：

《毛詩·周南·螽斯》

螽斯羽，詵詵兮。宜爾子孫，振振兮。
螽斯羽，薨薨兮。宜爾子孫，繩繩兮。
螽斯羽，揖揖兮。宜爾子孫，蟄蟄兮。

桃　夭

簡本《桃夭》三章，章四句，與《毛詩》同。

【嚴格隸定】

桃之夭＝，邵＝亓芋。〔一〕寺子于逗，〔二〕宜亓室豪。〔三〕

桃之夭＝，又焚亓實。〔四〕寺【十一】子于逗，宜亓豪室。

桃之夭＝，亓葉萋＝。〔五〕寺子于逗，宜亓豪人。

【寬式釋文】

桃之夭夭，灼灼其華。之子于歸，宜其室家。

桃之夭夭，有蕡其實。之【十一】子于歸，宜其家室。

桃之夭夭，其葉萋萋。之子于歸，宜其家人。

注釋：

〔一〕　邵＝亓芋：讀爲“灼灼其華”。《毛傳》：“灼灼，華之盛也。”

〔二〕　寺子于逗：《毛詩》作“之子于歸”。“寺”從“之”聲，故二字可通。《毛傳》：“之子，嫁子也。于，往也。”王先謙《詩三家義集疏》：“婦人謂嫁曰歸。詩既言‘歸’，不必更以‘于’爲‘往’。《爾雅》：‘于，曰也。’‘曰’古讀若‘聿’，‘聿’‘于’一聲之轉。……‘于’‘曰’‘聿’皆詞也。”“之子于歸”的“之子”，简本皆作“寺子”。

〔三〕 宜亓室豪：《毛詩》作“宜其家室”。“豪”，即“家”字異體。《毛傳》：“家室，猶室家也。”

〔四〕 又焚亓實：“焚”，讀爲“蕡”，《毛傳》：“實貌。”《詩集傳》：“實之盛也。”

〔五〕 亓葉萋＝：見《毛詩・周南・葛覃》“維葉萋萋”，《毛傳》：“萋萋，茂盛貌。”

附録：

《毛詩・周南・桃夭》

桃之夭夭，灼灼其華。之子于歸，宜其室家。
桃之夭夭，有蕡其實。之子于歸，宜其家室。
桃之夭夭，其葉蓁蓁。之子于歸，宜其家人。

兔 罝

簡本《兔罝》三章，章四句，與《毛詩》同。

【嚴格隸定】

肅₌兔藪，〔一〕敊之正₌。〔二〕糺₌武夫，〔三〕公【十二】矦干城。

肅₌兔藪，陀于审戙。〔四〕繆₌武夫，〔五〕公矦好戨。〔六〕

肅₌兔藪，陀于审林。〔七〕繆₌武夫，公矦腹心。

【寬式釋文】

肅肅兔罝，椓之正正。赳赳武夫，公【十二】侯干城。

肅肅兔罝，施于中逵。赳赳武夫，公侯好仇。

肅肅兔罝，施于中林。赳赳武夫，公侯腹心。

注釋：

〔一〕 肅₌兔藪：上博簡《孔子詩論》簡二三作"兔蘆"。"兔藪""兔蘆"，都讀爲"兔罝"。《毛傳》："兔罝，兔罟也。"即捕兔之網。

〔二〕 敊之正₌：讀爲"椓之丁丁"。《毛傳》："丁丁，椓杙聲也。""正正""丁丁"皆爲擬聲詞。

〔三〕 糺₌武夫："糺₌"，讀爲"赳赳"。《毛傳》："赳赳，武貌。"

〔四〕 陀于审戙："陀"讀爲"施"，見《葛覃》注。"戙"，從"戈"，"畫（甾）"聲，讀爲"逵"。《毛傳》："逵，九達之道。"

〔五〕　繆=武夫：“繆=”，讀爲“赳赳”。

〔六〕　公矦好戠：《毛詩》作“公侯好仇”。“戠”是“仇”字異體，見《關雎》注。《鄭箋》：“怨耦曰仇。”

附録：

《毛詩·周南·兔罝》

肅肅兔罝，椓之丁丁。赳赳武夫，公侯干城。
肅肅兔罝，施于中逵。赳赳武夫，公侯好仇。
肅肅兔罝，施于中林。赳赳武夫，公侯腹心。

苤 苢

簡本《苤苢》三章，章四句，與《毛詩》同。

【嚴格隸定】

菜₌苢【十厽】目，〔一〕尃言采之。〔二〕菜₌苢目，尃言右之。〔三〕

菜₌苢目，尃言掇之。采₌苢目，尃言将之。

菜₌苢目，尃言【十四】〔祮〕之。〔四〕菜₌苢目，尃言宩之。〔五〕

【寬式釋文】

采采苤【十三】苢，薄言采之。采采苤苢，薄言有之。

采采苤苢，薄言掇之。采采苤苢，薄言将之。

采采苤苢，薄言【十四】〔祮〕之。采采苤苢，薄言塞之。

注釋：

〔一〕 菜₌苢目：“菜菜”“采采”，茂盛衆多貌。“苢”，疑是“苤”字異
　　　體。“苢”從“以”聲。《毛傳》：“苤苢，馬舄。馬舄，車前也，
　　　宜懷任焉。”

〔二〕 尃言采之：“尃”，讀爲“薄”，《毛傳》：“辭也。”“采”，《毛傳》：
　　　“取也。”

〔三〕 尃言右之：“右”，讀爲“有”。《廣雅·釋詁》訓“有”爲“取也”。

〔四〕 尃言〔祮〕之：《毛詩》作“薄言祮之”。“祮”字簡本殘缺，此據

《毛詩》補。

〔五〕 尃言宲之:《毛詩》作“薄言襭之”。“宲”,待考。或疑“宲”字
省訛,乃“塞”字。“宲”讀爲“扟”(李家浩説)。《廣雅·釋詁》:
“扟,取也。”

附録:

《毛詩·周南·芣苢》

采采芣苢,薄言采之。采采芣苢,薄言有之。
采采芣苢,薄言掇之。采采芣苢,薄言捋之。
采采芣苢,薄言袺之。采采芣苢,薄言襭之。

漢　廣

簡本《漢廣》三章，章八句，與《毛詩》同。

【嚴格隸定】

　　南又喬木，〔一〕不可休思。〔二〕灘又遊女，〔三〕不可求思。灘之宲矣，〔四〕不可羕【十五】〔思〕。〔五〕江之羕矣，〔六〕不可方思。〔七〕

　　橈ニ楚新，〔八〕言刈亓楚。寺子于逞，言稱亓馬。〔九〕灘之宲矣，不可羕思。江【十六】之羕矣，不可方思。

　　橈ニ楚新，言刈亓蔞。寺子于逞。言稱亓駒。灘之宲矣，不可羕思。江之羕矣【十〔七〕】。〔十〕

【寬式釋文】

　　南有喬木，不可休思。漢有遊女，不可求思。漢之廣矣，不可泳【十五】〔思〕。江之羕矣，不可方思。

　　橈橈楚薪，言刈其楚。之子于歸，言秣其馬。漢之廣矣，不可泳思。江【十六】之羕矣，不可方思。

　　橈橈楚薪，言刈其蔞。之子于歸。言秣其駒。漢之廣矣，不可泳思。江之羕矣【十〔七〕】。

注釋：

〔一〕　南又喬木：《說文》夭部："喬，高而曲也。从夭，从高省。詩曰：'南有喬木。'"

〔二〕　不可休思："思"，爲句尾語氣詞。

〔三〕　灘又遊女：《毛詩》作"漢有遊女"。"灘"，即漢水之"漢"的異
　　　　體，與《説文》訓爲"水濡而乾也"的"灘"，當非一字。

〔四〕　灘之宩矣：《毛詩》作"漢之廣矣"。"宩"，從"宀"，"坒"聲，
　　　　"廣"字異體。

〔五〕　不可羕〔思〕："羕"，讀爲"泳"。《毛傳》："潛行爲泳。"

〔六〕　江之羕矣：《説文》永部："羕，水長也。从永，羊聲。《詩》曰：
　　　　'江之羕矣。'"

〔七〕　不可方思：《毛傳》："方，泭也。"《孔疏》引孫炎曰："方，水中
　　　　爲泭筏也。"

〔八〕　橈=楚新："橈橈楚薪"，當從《毛詩》讀爲"翹翹錯薪"。《毛
　　　　傳》："翹翹，薪貌。錯，雜也。"

〔九〕　言稛亓馬："稛"，"秣"字異體。《毛傳》："秣，養也。"

〔十〕　此簡原編號作"十"，漏"七"字。

附録：

《毛詩·周南·漢廣》

　　南有喬木，不可休息。漢有遊女，不可求思。漢之廣矣，不可泳
思。江之永矣，不可方思。

　　翹翹錯薪，言刈其楚。之子於歸，言秣其馬。漢之廣矣，不可泳
思。江之永矣，不可方思。

　　翹翹錯薪，言刈其蔞。之子于歸。言秣其駒。漢之廣矣，不可泳
思。江之永矣，不可方思。

麟之趾

　　簡本《麟之趾》存詩二章，章三句，與《毛詩》第二、三章同，第一章殘。

【嚴格隸定】

　　□〔癸之【十九】〕定，〔一〕蝹=公眚，〔二〕于差癸可。〔三〕
　　癸之角，蝹=公族，于差癸可。

【寬式釋文】

　　□〔麟之【十九】〕定，蝹蝹公姓，于嗟麟兮。
　　麟之角，蝹蝹公族，于嗟麟兮。

注釋：

〔一〕〔癸之〕定："定"字之前缺第十八、十九號兩支簡，据《毛詩》和簡本用字習慣，所缺之詩爲《漢廣》末句，《汝墳》全篇，及本詩第一章與第二章"癸之"二字。

〔二〕蝹=公眚："蝹"，從"蚰""胤"，"胤"亦聲。《説文》蚰部："蚰，蟲之總名也。從二虫。讀若昆。"段注："《夏小正》'昆小蟲'傳曰：'昆者，眾也。'"《説文》肉部："胤，子孫相承續也。""蝹蝹"當爲盛貌、眾多貌。"蝹蝹"，或從《毛詩》讀爲"振振"。"公眚"，讀爲"公姓"，即公孫，國君之孫。《詩集傳》："公姓，公孫也。”一説，王公同姓。《毛傳》：“公姓，公同姓。”

〔三〕 于差癸可：“于差”，讀爲“于嗟”。《毛傳》：“于嗟，歎辭。”“癸”
所從“文”“厶”皆聲，在古文字中多用爲“鄰”（見《螽斯》注）。
“癸”，讀爲“麟”。

附録：

《毛詩·周南·麟之趾》

麟之趾，振振公子，于嗟麟兮。
麟之定，振振公姓，於嗟麟兮。
麟之角，振振公族，於嗟麟兮。

篇末文字

【嚴格隸定】
周南十又一〔一〕【廿】

【寬式釋文】
周南十又一【廿】

注釋：

〔一〕 周南十又一：此是簡本對所收周南一國之詩的總括之語。《毛
詩》作：“周南之國十一篇，三十六章，百五十九句。”簡本《周
南》收詩數與《毛詩》相同。

召　南

　　《召南》簡現存二十一支，完簡
五支，其他皆殘斷。簡背有劃痕，
簡首尾留白，簡面下部有編號。但
因殘損只存以下十個編號：廿一、
廿二、廿八、卅二、卅厽、卅四、
卅五、卅六、卅七、卅九。簡本
《召南》收詩十四首，與《毛詩》同。
僅《殷其雷》《江有汜》兩篇完整，
其他各篇都有殘缺。《殷其雷》一篇
章序與《毛詩》有別，《騶虞》較《毛
詩》多出一章。

鵲　巢

簡本《鵲巢》三章，章四句，與《毛詩》同。

【嚴格隸定】

佳鵲又巢，佳鴟尻之。^{〔一〕}寺子于逞，^{〔二〕}百兩御之。

佳鵲又巢，佳鴟方之。寺子于逞，百兩遧之。^{〔三〕}

佳鵲又巢【廿一】,〔佳鴟〕溫之。^{〔四〕}寺子于逞，百兩城之。^{〔五〕}

【寬式釋文】

維鵲有巢，維鳩居之。之子于歸，百兩御之。

維鵲有巢，維鳩方之。之子于歸，百兩遧之。

維鵲有巢【廿一】,〔維鳩〕盈之。之子于歸，百兩成之。

注釋：

〔一〕　佳鴟尻之："鴟"，同"鳩"。"尻"，《説文》几部："尻，處也。从尸得几而止。《孝經》曰：'仲尼尻。'尻，謂閒居如此。""仲尼尻"之"尻"即"居"。此處指鳲鳩居住在鵲巢中。

〔二〕　寺子于逞："寺"，通"之"，代詞，這。"逞"，同"歸"，指女子出嫁。

〔三〕　百兩遧之："遧"，從"辵""厈"聲。《毛傳》："將，送也。"

〔四〕　〔佳鴟〕溫之："溫"，從"皿"，"涅"聲，"盈"之異體。《毛傳》："盈，滿也。"下文《椒聊》"蕃衍盈升""蕃衍盈匊"二"盈"字，簡本皆作"湓"。

〔五〕 百兩城之："城"，通"成"，表示"成禮"之義。《毛傳》："能成百兩之禮也。"《鄭箋》："是子有鳲鳩之德，宜配國君，故以百兩之禮送迎成之。"

附録：

《毛詩·召南·鵲巢》

維鵲有巢，維鳩居之。之子于歸，百兩禦之。
維鵲有巢，維鳩方之。之子于歸，百兩將之。
維鵲有巢，維鳩盈之。之子于歸，百兩成之。

采 蘩

　　簡本《采蘩》僅存第一章四句與第二章前兩句。《毛詩》三章，
章四句。

【嚴格隸定】

　　于㠯采蘩？〔一〕于渚于止。〔二〕于㠯用之？公佚之士。〔三〕

　　于㠯采蘩？于臑之审【廿二】。〔四〕

【寬式釋文】

　　于以采蘩？于渚于沚。于以用之？公侯之事。

　　于以采蘩？于澗之中【廿二】。

注釋：

〔一〕　于㠯采蘩："蘩"，從"艸"，"絫"聲。因"弁""蘩"上古音皆屬
　　　　並紐元部，音近可通。"蘩"疑爲"蘩"之異體。《毛傳》："蘩，
　　　　皤蒿也。"

〔二〕　于渚于止：《釋名·釋水》："小洲曰渚。""止"，通"沚"。《説文》
　　　　水部："沚，小渚曰沚，從水，止聲。《詩》曰：'于沼于沚。'"
　　　　"渚""沚"皆指洲，大小不同而已，詩中指采蘩的地點。

〔三〕　公佚之士："士"，通"事"。《説文》十部："十，事也。"此乃聲
　　　　訓。詩中指祭祀之事。

〔四〕 于瞯之审："瞯"，從兩"自"，從"水"，會兩自夾水之意，即
　　　 "澗"。《釋名·釋水》："山夾水曰澗。澗，間也，言在兩山之
　　　 間也。"

附録：

《毛詩·召南·采蘩》

　　　 于以采蘩？于沼于沚。于以用之？公侯之事。
　　　 于以采蘩？于澗之中。于以用之？公侯之宮。
　　　 被之僮僮，夙夜在公。被之祁祁，薄言還歸。

草　蟲

　　簡本《草蟲》首章殘，第二章前六句殘，第三章後三句殘缺。《毛詩》三章，章七句。

【嚴格隸定】

　　☐我心翩敓。[一]

　　陟皮南山，[二]言采亓薇。[三]未見君子，我心悬悲。[四]亦既見☐〔【廿五】〕

【寬式釋文】

　　☐我心則説。

　　陟彼南山，言采其薇。未見君子，我心傷悲。亦既見☐〔【廿五】〕

注釋：

〔一〕　我心翩敓："則"，王引之《經傳釋詞》卷八："猶乃也。""敓"，通"説"，諧聲通假，楚簡文字常見。《説文》段注："説釋即悦懌。説、悦，釋、懌皆古今字。許書無悦懌二字也。説釋者，開解之意。故爲喜悦。"

〔二〕　陟皮南山："皮"，通"彼"，遠指代詞。

〔三〕　言采亓薇："薇"，"薇"之異體。《説文》艸部："薇，菜也，似藿。从艸，微聲。𧀍，籀文薇省。”

〔四〕 我心悬悲：“悬”，從“心”，“昜”聲，“傷”之異體，專表“傷心”“悲傷”之義。

附錄：

《毛詩·召南·草蟲》

喓喓草蟲，趯趯阜螽。未見君子，憂心忡忡。亦既見止，亦既覯止，我心則降。

陟彼南山，言采其蕨。未見君子，憂心惙惙。亦既見止，亦既覯止，我心則説。

陟彼南山，言采其薇。未見君子，我心傷悲。亦既見止，亦既覯止，我心則夷。

采 蘋

　　簡本《采蘋》首章殘，第二章僅存二字，第三章殘缺。《毛詩》三章，章四句。

【嚴格隸定】
　　　　☐及盨。〔一〕
　　于以奠之，宗室枊下。〔二〕箮亓屍☐〔【廿七】〕〔三〕

【寬式釋文】
　　　　☐及釜。
　　于以奠之，宗室牖下。孰其尸☐〔【廿七】〕

注釋：
〔一〕　☐及盨："盨"，從"土"，從"皿"，"父"聲，疑"釜"之異體。
　　　　《説文》鬲部："䰝，䥶屬，从鬲，甫聲。釜，䰝或从金，父
　　　　聲。"
〔二〕　宗室枊下："枊"，從"木"，"中"聲。此字不見於《説文》。"枊"，
　　　　可能是"牖"之異體。《説文》片部："牖，穿壁以木爲交窻也。"
〔三〕　箮亓屍☐：簡本"屍"下殘。"箮"，從"竹"聲，通作"孰"。
　　　　《爾雅·釋訓》："孰，誰也。""屍"，從"示"，"尸"聲，"尸"之
　　　　繁體。《毛傳》："尸，主。"

附録:

《毛詩·召南·采蘋》

于以采蘋? 南澗之濱。于以采藻? 于彼行潦。

于以盛之? 維筐及筥。于以湘之? 維錡及釜。

于以奠之? 宗室牖下。誰其尸之? 有齊季女。

甘 棠

簡本《甘棠》首章殘，第二章僅存最後一句，第三章完整。
《毛詩》三章，章三句。

【嚴格隸定】

☑〔邵〕白所害。〔一〕

幣攱甘棠，〔二〕勿戔勿掇，〔三〕邵白所敀。〔四〕

【寬式釋文】

☑〔召〕伯所愒。

蔽茇甘棠，勿剗勿劌，召伯所説。

注釋：

〔一〕　☑〔邵〕伯所害："害"，通"愒"。"愒"，同"憩"。玄應《一切經音
義》："憩，《説文》作愒。愒，息也。"《爾雅·釋詁》："憩，息也。"

〔二〕　幣攱甘棠：《説文》巾部："幣，帛也。从巾，敝聲。""攱"，從
"支"，"市"聲。"幣攱"，同"蔽茇"，聯綿詞。《詩集傳》："蔽茇，
盛貌。"

〔三〕　勿戔勿掇："戔"，通"剗"。《漢書·敘傳》韋昭注："剗，削
也。"王念孫《廣雅疏證》："剗、鏟聲義並同。""掇"，通"劌"。
《説文》刀部"刊，劌也"，"劌，刊也"，"删，劌也"。《説文》

“刊”“劋”“删”互訓，皆指删削之意。

〔四〕 邵白所炂："邵"，通"召"。"炂"，同"奪"，與"税"諧聲相通。
《爾雅·釋詁》："税，舍也。"

附録：

《毛詩·召南·甘棠》

蔽芾甘棠，勿翦勿伐，召伯所茇。
蔽芾甘棠，勿翦勿敗，召伯所憩。
蔽芾甘棠，勿翦勿拜，召伯所説。

行　露

簡本《行露》首章完整，第二章殘缺最後一句，第三章殘。《毛詩》三章，第一章三句，第二、三章章六句。

【嚴格隸定】

厭箮行雺，〔一〕敳不佋夜？〔二〕胃【廿八】〔行〕多雺。〔三〕

佳胃雛亡角，〔四〕可目聤我屋。〔五〕佳胃女亡豪，可目痠我獄，〔六〕唯警我☐〔廿九〕〔七〕

【寬式釋文】

厭浥行露，豈不夙夜？謂【廿八】〔行〕多露。

誰謂雀無角，何以穿我屋。誰謂女無家，何以速我獄，雖速我☐〔廿九〕

注釋：

〔一〕 厭箮行雺：“箮”，從“竹”，“會”聲，不見於《說文》。“厭箮”，讀作“厭浥”，聯綿詞。《毛傳》：“厭浥，濕意也。”《說文》雨部：“雺，雨零也。從雨，各聲。”“雺”，通“露”。行露，指路上的露水。

〔二〕 敳不佋夜：“敳”，通作“豈”，助詞，表示反詰。《毛傳》：“豈不，言有是也。”“佋”，“宿”之異體，與《說文》古文同。“宿”，通“夙”。《鄭箋》：“夙，早也。”

〔四〕 隹胃雛亡角：“雛”，“雀”之異體，贅加“鳥”旁。

〔五〕 可㠯聅我屋：“聅”，從“耳”，“串”聲，即“聯”。《説文》耳部：
“聯，連也。从耳，耳連於頰也；从絲，絲連不絕也。”“聯”，
通“穿”，通也。

〔六〕 可㠯瘷我獄：“瘷”，從“疒”，“束”聲，不見於《説文》。《毛傳》：
“速，召。”馬瑞辰《毛詩傳箋通釋》：“速本疾速之義，促之使
疾來，故又引申爲召。”

〔七〕 唯謥我⬚：“唯”，通“雖”，諧聲通假。“謥”，從“言”，“欶”聲，
與《説文》“速”字古文同。

附録：

《毛詩·召南·行露》

厭浥行露，豈不夙夜，謂行多露。

誰謂雀無角？何以穿我屋？誰謂女無家？何以速我獄？雖速我獄，
室家不足！

誰謂鼠無牙？何以穿我墉？誰謂女無家？何以速我訟？雖速我訟，
亦不女從！

羔　羊

　　簡本《羔羊》首章前兩句殘，第三章殘"羔羊"以下九字和重文符號二。《毛詩》三章，章四句。簡本章次與《毛詩》異，第二章對應《毛詩》第三章，第三章對應《毛詩》第二章。

【嚴格隸定】

　　□後人自公，[一]蠚=它=。[二]

　　羔羊之裘，[三]索絲五樅，[四]蠚=它=，後人自公。

　　羔羊□〔卅一〕自〕公後人。

【寬式釋文】

　　□後人自公，委蛇委蛇。

　　羔羊之裘，素絲五總，委蛇委蛇，後人自公。

　　羔羊□〔卅一〕自〕公後人。

注釋：

〔一〕　後人自公：《毛傳》："公，公門也。""後人自公"，謂從公門出來比別人晚，下句"委蛇委蛇"恰好是描摹其出門時的行姿，文義通暢。《鄭箋》："退食，謂減膳也。"馬瑞辰《毛詩傳箋通釋》："退食自公，有不遑家食之意，所以明臣之急公也。"陳劍認爲"人"當釋作"以"，讀作"食"。尉侯凱指出"後"與《毛詩》的

"退"在上古漢語中屬同義關係。參陳劍《簡談安大簡中幾處攸關〈詩〉之原貌原義的文字錯訛》,《中國文字》2019年冬季號,第12—14頁;《也談安大簡〈羔羊〉中的"後人自公"》,《簡帛》第26輯,2023年,第65—73頁。

〔二〕 蝸=它=:"蝸它","蝸""它"二字後面有重文符號。"蝸它",即"委蛇",疊韻聯綿詞。《毛傳》:"委蛇,行可從迹也。"《鄭箋》:"委蛇,委曲自得之貌。"委蛇,應指行步之姿態。

〔三〕 羔羊之裘:"裘",《說文》衣部:"裘,皮衣也。从衣,求聲。""羔羊之裘",即用羔羊皮做的皮衣。《毛詩》"縫"蓋因"求""丰"形近訛混所致。

〔四〕 索絲五樅:"樅",通"總"。《禮記·檀弓上》:"喪事欲其縱縱爾。"《鄭注》:"縱讀如摠領之摠。"是其證。《說文》糸部:"總,聚束也。从糸,悤聲。"《毛傳》:"總,數也。"

附錄:

《毛詩·召南·羔羊》

羔羊之皮,素絲五紽。退食自公,委蛇委蛇。
羔羊之革,素絲五緎。委蛇委蛇,自公退食。
羔羊之縫,素絲五總。委蛇委蛇,退食自公。

殷其雷

簡本《殷其雷》三章，章六句，與《毛詩》同。簡本章次與《毛詩》異，第一章對應《毛詩》第三章，第三章對應《毛詩》第一章。

【嚴格隸定】

𡩋亓靁矣，〔一〕才南山之下，可斯韋斯，〔二〕莫或皇尻。〔三〕蝨=君子，〔四〕逯=才=。

𡩋亓靁矣，才南山之【卅二】昃，〔五〕可斯韋斯，莫或皇思，〔六〕𨗞=君子，逯=才=。

𡩋亓靁矣，才南山之昜，〔七〕可斯韋斯，莫或敢皇。〔八〕𨗞=君子，逯=【卅厶】哉=。

【寬式釋文】

𡩋其靁矣，在南山之下，何斯違斯，莫或皇處。蝨蝨君子，歸哉歸哉。

𡩋其靁矣，在南山之【卅二】昃，何斯違斯，莫或皇思，𨗞𨗞君子，歸哉歸哉。

𡩋其靁矣，在南山之昜，何斯違斯，莫或敢皇。𨗞𨗞君子，歸哉歸哉【卅三】。

注釋：

〔一〕 敿亓霝矣："敿"，通"殷"。《毛傳》："殷，靁聲也。""霝"，"靁"字異體。

〔二〕 可斯韋斯："可"，通"何"。"韋"，通"違"，《毛傳》："違，去。"此句意爲"爲什麼這個時候離開此處呢"。

〔三〕 莫或皇尻：《廣雅》："或，有也。""皇"，通"遑"，閒暇。《毛傳》："遑，暇也。""尻"，參上文《鵲巢》注。

〔四〕 螶=君子："螶"，通"振"。《毛傳》："振振，信厚也。"

〔五〕 才南山之炅："炅"，《説文》日部："日在西方時。側也。从日，仄聲。""炅""側"音義皆通，表示處所。

〔六〕 莫或皇思："思"，通"息"，《毛傳》："止也。"

〔七〕 才南山之易："易"，通"陽"。《毛傳》："山南曰陽。"

〔八〕 莫或敢皇：意謂不敢有閒暇。

附録：

《毛詩·召南·殷其雷》

殷其雷，在南山之陽。何斯違斯，莫敢或違？振振君子，歸哉歸哉！

殷其雷，在南山之側。何斯違斯，莫敢遑息？振振君子，歸哉歸哉！

殷其雷，在南山之下。何斯違斯，莫或遑處？振振君子，歸哉歸哉！

摽有梅

簡本《摽有梅》三章，章四句，與《毛詩》同。

【嚴格隸定】

莢又某，[一]亓實七也。[二]求我庶士，訋亓吉也。[三]

莢又某，亓實晶也。求我庶士，訋亓今也。

莢又某【卅四】，迪匡既之，[四]求我庶士，訋亓胃之。[五]

【寬式釋文】

莢有梅，其實七也。求我庶士，訋其吉也。

莢有梅，其實三也。求我庶士，訋其今也。

莢有梅【卅四】，頃筐既之，求我庶士，訋其謂之。

注釋：

〔一〕 莢又某：“莢”，即“芰”，通“囿”，“囿有梅”即園中有梅。或認爲此字是“茄”，同“荔”，通作“籬”。“籬有梅”即籬中有梅。

〔二〕 亓實七也：“也”，句末語氣詞，與《毛詩》“兮”意同。

〔三〕 訋亓吉也：“訋”，通“迨”。《鄭箋》：“迨，及也。”此句意謂趁着那個吉時。

〔四〕 迪匡既之：“迪”，參《卷耳》注。林義光：“《廣雅》云：‘既，盡也。’梅熟而落，喻女子年盛而可以嫁。‘其實七分’言在樹者

七也。二章則在樹者三,三章則盡在筐内矣。"(參《詩經通解》第 23 頁,中西書局 2012 年)

〔五〕 甶亓胃之:"胃",通"會",指男女仲春相會。《毛傳》:"會而行之者,所以蕃育人民也。"

附録:

《毛詩·召南·摽有梅》

摽有梅,其實七兮。求我庶士,迨其吉兮。
摽有梅,其實三兮。求我庶士,迨其今兮。
摽有梅,頃筐塈之。求我庶士,迨其謂之。

小　星

簡本《小星》二章，章五句，與《毛詩》同。

【嚴格隸定】

　　孛皮少星，[一]厽五才東。蔵₌肖正，[二]佁夜才公，折命不同。[三]

　　季【卅五】〔皮少星〕，隹晶與茅。[四]蔵₌肖正，保袤與禱，[五]折命不猷。

【寬式釋文】

　　孛彼小星，三五在東。肅肅宵征，夙夜在公，折命不同。

　　孛【卅五】〔彼小星〕，維參與昴。肅肅宵征，抱袤與幬，折命不猷。

注釋：

〔一〕　孛皮少星："孛"，通"昒"，昏暗之意。《文選・左思・吳都賦》"旭日晻昒"，李善注："昒，亦闇也。"《漢書・五行志》下曰："孛者，惡氣之所生也。謂之孛者，言其孛孛有所妨蔽，闇亂不明之貌也。'"（參《漢書》第二册第 1095 頁，中華書局 1985 年）下章"季"乃"孛"之訛。

〔二〕　蔵₌肖正："蔵"，通"肅"。《毛傳》："肅肅，疾貌。""肖"，通"宵"，夜晚。"正"，通"征"，行也。

〔三〕 折命不同："折"，通"寔"，代詞。《毛傳》："寔，是也。命不得同於列位也。""折"，或讀爲"誓"。

〔四〕 佳晶與茅："晶"，"曑"之省。"茅"，通"昴"。"曑""昴"皆星宿名。

〔五〕 保袞與襜："保"，通"抱"。"袞"，即"衾"。《毛傳》："衾，被也。""襜"，乃"幬"之異體。《說文》巾部："幬，禪帳也。"

附錄：

《毛詩·召南·小星》

嘒彼小星，三五在東。肅肅宵征，夙夜在公。寔命不同。

嘒彼小星，維參與昴。肅肅宵征，抱衾與裯。寔命不猶。

江有汜

　　簡本《江有汜》三章，章五句，與《毛詩》同。簡本章次與《毛詩》異，第二章對應《毛詩》第三章，第三章對應《毛詩》第二章。

【嚴格隸定】

　　江又汜，〔一〕寺子于逼，〔二〕不=我=目=，後也愗。〔三〕

　　江【卅六】又沱，寺子于逼，不=我=迡=，〔四〕歖也訶。〔五〕

　　江又渚，寺子于逼，不=我=與=，後也尻。

【寬式釋文】

　　江有汜，之子于歸，不我以。不我以，後也悔。

　　江【卅六】有沱，之子于歸，不我過。不我過，歖也歌。

　　江有渚，之子于歸，不我與。不我與，後也尻。

注釋：

〔一〕　江又汜："汜"，通"汜"，指江水的支流。《毛傳》："決復入爲汜。"

〔二〕　寺子于逼："逼"，同"歸"。"于"，動詞詞頭。

〔三〕　後也愗："愗"，通"悔"，後悔。

〔四〕　不=我=迡=："迡"，"過"字異體，全也。

〔五〕　歖也訶："歖"，疑"歖"字異體。"歖"，蹙口而出聲。"訶"，"歌"之異體。

附錄:

《毛詩‧召南‧江有汜》

江有汜，之子歸，不我以。不我以，其後也悔。
江有渚，之子歸，不我與。不我與，其後也處。
江有沱，之子歸，不我過。不我過，其嘯也歌。

野有死麕

　　簡本《野有死麕》首章完整，第二章僅存兩句和第三句首字
"白"字，其餘各字與最後一章殘。《毛詩》三章，第一、二章章
四句，第三章三句。

【嚴格隸定】

　　埜又死麕，〔一〕白茅橐之，〔二〕又女【卅七】裹萅，〔三〕吉士繇之。〔四〕
林又蕽〔樕〕，〔五〕埜又死麋，〔六〕白□〔卅八〕

【寬式釋文】

　　野有死麕，白茅包之，有女【卅七】懷春，吉士誘之。
林有樸〔樕〕，野有死鹿，白□〔卅八〕

注釋：

〔一〕　埜又死麕："埜"，"野"字異體。《毛傳》："郊外曰野。""麕"，
　　　　"麇"之異體，指鹿一類的獸。《釋文》："麕，本亦作麇，又作
　　　　麇。"《詩集傳》："麕，獐也。鹿屬，無角。"
〔二〕　白茅橐之：橐，通"包"，裹也。
〔三〕　又女裹萅："裹"，楚簡"懷"的獨特寫法，參《卷耳》注。懷，
　　　　思也。"萅"，"春"之異體，指春情。
〔四〕　吉士繇之："繇"，通"誘"。《毛傳》："誘，道也。"

〔五〕 林又蓲〔楸〕："蓲〔楸〕"，"蓲"，通"樸"。《毛傳》："樸楸，小木也。"

〔六〕 埜又死麤："麤"，"鹿"字繁體。

附録：

《毛詩·召南·野有死麕》

野有死麕，白茅包之。有女懷春，吉士誘之。

林有樸楸，野有死鹿。白茅純束，有女如玉。

舒而脱脱兮！無感我帨兮！無使尨也吠！

何彼襛矣

　　簡本《何彼襛矣》三章，章四句，與《毛詩》同。簡文雖有殘缺，但可參照《毛詩》補足所缺。

【嚴格隸定】

　　〔可皮〕壼矣？〔一〕蔦萊之芋，〔二〕害不蔵雏，〔三〕王巸之車。〔四〕

　　可皮壼矣？芋若桃桙，〔五〕坪王之孫，〔六〕齊疾之子。

　　皮【卅九】〔釣佳何〕？〔七〕佳絲敺緇。〔八〕齊疾之子，坪王之孫。

【寬式釋文】

　　〔何彼〕襛矣？唐棣之華，曷不肅雝，王姬之車。

　　何彼襛矣？華若桃李，平王之孫，齊侯之子。

　　彼【卅九】〔釣維何〕？維絲伊緡。齊侯之子，平王之孫。

注釋：

〔一〕　〔可皮〕壼矣："壼"，通"襛"。《詩集傳》："襛，盛也。猶曰戎戎也。"

〔二〕　蔦萊之芋："蔦萊"，即"唐棣"，又寫作"棠棣"。或認爲是白楊類樹木，《毛傳》："唐棣，栘也。"《爾雅·釋木》郭璞注："似白楊，江東呼夫栘。"或認爲是落葉小喬木。《論語·子罕》"唐棣之華"，邢昺疏引陸璣《毛詩草木鳥獸蟲魚疏》："奧李也。一名雀梅，亦曰車下李，所在山皆有。其華或白或赤；六月中熟，大如李子，可食。"奧李即鬱李。"芌"，通"華"，指花朵。

〔三〕 害不葳雜："害"，通"曷"。"曷不"，怎麼沒有。"葳雜"，即"肅雝(雍)"，莊嚴雍容，整齊和諧，形容祭祀時的氣氛和樂聲。《毛詩·周頌·清廟》："於穆清廟，肅雝顯相。"《毛傳》："肅，敬；雝，和。"

〔四〕 王㠁之車："㠁"，通"姬"。周天子姓姬，周王的女兒或孫女稱王姬。

〔五〕 芌若桃梓："梓"，"李"之異體。"若"，如同。《鄭箋》："'華如桃李'者，興王姬與齊侯之子顏色俱盛。"

〔六〕 坪王之孫："坪王"，即"平王"，東周平王宜臼。

〔七〕 皮〔釣佳何〕："皮"，通"彼"，遠指代詞，與"其"義近。"其"，彼也(參楊樹達《詞詮》第 158 頁，中華書局 1965 年)。

〔八〕 佳絲㲤緡："㲤"，"殹"之異體，通"伊"。《鄭箋》："以絲爲之綸，則是善釣也。""緡"，同"緡"，即釣魚線。《毛傳》："緡，綸也。"

附録：

《毛詩·召南·何彼襛矣》

何彼襛矣，唐棣之華？曷不肅雝？王姬之車。
何彼襛矣，華如桃李？平王之孫，齊侯之子。
其釣維何？維絲伊緡。齊侯之子，平王之孫。

騶　虞

　　簡本《騶虞》三章，章三句，較《毛詩》多出一章。簡文雖有殘缺，但可參照《毛詩》補足所缺。

【嚴格隸定】

　　皮蘽者莒，〔一〕一發五郫。〔二〕于差從虖。〔三〕
　　皮蘽者莃，〔四〕一〔發五豵【卌】。于差從虖。
　　皮蘽者〕莒，〔五〕一發五麆。〔六〕〔于差從虖【卌一】。〕

【寬式釋文】

　　彼茁者葭，一發五犯。于嗟縱乎。
　　彼茁者蓬，一〔發五豵【卌】。于嗟縱乎。
　　彼茁者〕蓍，一發五麆。〔于嗟縱乎【卌一】。〕

注釋：

〔一〕　皮蘽者莒："蘽"，"茁"之異體。《毛傳》："茁，出也。""莒"，"葭"字異體。《毛傳》："葭，蘆也。"

〔二〕　一發五郫："郫"，通"犯"。《說文》豕部："犯，牝豕也。從豕，巴聲。一曰一歲，能相把拏也。""發"讀爲"撥"，"壹發五犯"，"言一撥開蘆葦發現五頭小野豬"（參高亨《詩經今注》第 34 頁，上海古籍出版社 1980 年）。或說"發"爲射箭之義。

〔三〕　于差從虖：“于差”，通“于嗟”，感嘆詞。“從虖”，讀爲“縱乎”，意謂放縱、放生。《毛詩》作“騶虞”，應爲音近通假。

〔四〕　皮蘽者荂：“荂”，通“蓬”。《毛傳》：“蓬，草名也。”

〔五〕　〔皮蘽者〕菩：“菩”，“蓍”之異體。《玉篇》“菩”爲“蓍”之古文。《説文》艸部：“蓍，蒿屬。从艸，耆聲。”

〔六〕　一發五麌：“麌”，指“鹿子”，相當於“麛”。《説文》鹿部：“麛，鹿子也。”

附録：

《毛詩·召南·騶虞》

彼茁者葭，壹發五犯，于嗟乎騶虞！
彼茁者蓬，壹發五豵，于嗟乎騶虞！

秦　風

《秦風》現存簡共十八支，簡號從第四十二至第五十九，中間缺失五十六、五十七、五十八號三支簡。簡本收詩可與今本《毛詩》之《車鄰》《駟驖》《小戎》《蒹葭》《終南》《黃鳥》《渭陽》《晨風》《無衣》《權輿》等十首對照。根據竹簡形制及殘簡綴合結果推斷，第五十六、五十七、五十八號三支簡能容納一百一十字左右，與今本《秦風》之《晨風》《無衣》大體相符。

車　鄰

簡本《車鄰》三章，第一章四句，第二、三章章六句，與《毛詩》同。簡本第二章爲《毛詩》第三章，第三章爲《毛詩》第二章。

【嚴格隸定】

〔有車鄰鄰〕，[一]又馬白𩠐。[二]未見君子，寺人是命。[三]

阪又喪，[四]溼又楊。[五]既見君子，竝坐敼簧。[六]含者不【卌二】樂，[七]𨗯者亓忘。[八]

坙又桼，[九]溼又栗。既見君子，竝坐敼瑟。今者不樂，逜者亓實。[十]

【寬式釋文】

〔有車鄰鄰〕，有馬白顛。未見君子，寺人是令。

阪有桑，溼有楊。既見君子，並坐鼓簧。今者不【卌二】樂，逝者其忘。

坂有漆，溼有栗。既見君子，並坐鼓瑟。今者不樂，逝者其實。

注釋：

〔一〕　此簡上段殘斷，内容已缺失，據《毛詩》補。

〔二〕 又馬白鬗：“鬗”，爲“顛倒”之“顛”的異體。

〔三〕 寺人是命：“是”，《毛詩》作“之”。王引之《經傳釋詞》：“是，猶‘之’也。”“命”“令”一字之分化。

〔四〕 阪又喪：“喪”，讀爲“桑”。

〔五〕 湮又楊：“湮”，王筠《説文句讀》：“今以濕爲湮。”《毛傳》：“下濕曰隰。”“楊”，“楊”之繁體。

〔六〕 竝侳歆簧：“侳”，《説文》人部：“侳，安也。从人，坐聲。”簡文“侳”讀爲“坐”。或釋作“佹”，“危”“坐”同源。“歆”，“鼓”之異體。

〔七〕 含者不樂：“含”，“今”之繁文。

〔八〕 邁者亓忘：“邁”，即“逝”。“亓”，讀“其”。

〔九〕 坒又剝：“坒”，“阪”之異體。“剝”，讀爲“漆”。

〔十〕 這者亓實：“實”，即“實”字。

附録：

《毛詩・秦風・車鄰》

有車鄰鄰，有馬白顛。未見君子，寺人之令。

阪有漆，隰有栗。既見君子，並坐鼓瑟。今者不樂，逝者其耋。

阪有桑，隰有楊。既見君子，並坐鼓簧。今者不樂，逝者其亡。

馴 驖

　　簡本《馴驖》三章，章四句，與《毛詩》同。簡本第二章爲《毛詩》第三章，第三章爲《毛詩》第二章。

【嚴格隸定】

　　四驖孔犀，〔一〕六【卅厽】戀才手。〔二〕公之敝子，〔三〕從公于戰。〔四〕
　　遊于北園，〔五〕四駐既柬。〔六〕象車戀麐，〔七〕載監督喬。〔八〕
　　奉寺=唇=牡孔碩。〔九〕公曰【卅四】左之，豫頓則腰。〔一〇〕

【寬式釋文】

　　四牡孔犀，六【卅厽】彎在手。公之媚子，從公于狩。
　　遊于北園，四牡既閑。象車鸞鑣，載獫歇喬。
　　奉寺寺辰，辰牡孔碩。公曰【卅四】左之，舍拔則獲。

注釋：

〔一〕　四驖孔犀：“驖”，“牡”之異體。“犀”，讀爲“夷”，訓大。
〔二〕　六戀才手：“戀”，即“彎”字。
〔三〕　公之敝子：“敝”，讀作“媚”。
〔四〕　從公于戰：“戰”，“獸”之初文，今作“狩”。
〔五〕　遊于北園：“遊”，參《漢廣》注。“園”，“園”之異體。
〔六〕　四駐既柬：“駐”，爲“牡”之異體。“柬”，讀“閑”或“閒”，訓爲"媚"。

〔七〕　象車鑾麎："象車"，先秦典籍或稱"象路""象輅"，以象牙爲飾，爲天子或諸侯所乘之車。"鑾"，讀作"鸞"。"麎"，"廘"之異體，讀作"鑣"。

〔八〕　載監罄喬："監"，讀作"獫"。"罄"，讀作"歇"或"猲"。"喬"，或讀爲"獢"。

〔九〕　奉寺=唇=牡孔硳："唇"，"晨"之異體。"硳"，"碩"之異體。簡文此句讀爲"奉之時唇，唇牡孔碩"。《毛詩》或因"="位置不同，書作"奉寺唇=牡=孔碩"所致。

〔一〇〕豫頓則腰："豫"，即"豫"字，讀作"舍"。"頓"，疑"𩭦(髮)"之異體，讀作"拔"。"腰"，"䐈"之異體，讀爲"獲"。

附録：

《毛詩·秦風·駟驖》

駟驖孔阜，六轡在手。公之媚子，從公于狩。
奉時辰牡，辰牡孔碩。公曰左之，舍拔則獲。
遊于北園，四馬既閑。輶車鸞鑣，載獫歇驕。

060　/　　　　　　　　　　　　　　　　　安徽大學藏戰國竹簡·詩經

小　戎

簡本《小戎》三章，章十句，與《毛詩》同。簡本第二章爲《毛詩》第三章，第三章爲《毛詩》第二章。

【嚴格隸定】

少戎轈篃，〔一〕五備桹栩。〔二〕遊環鞣畞，〔三〕輅紳鈠縳。〔四〕眘䩗象毂，〔五〕加亓駼駇。〔六〕我念君子，忢亓【卅五】女玉。〔七〕才皮板屋，〔八〕嬰我心曲。〔九〕

騕駬孔群，〔一〇〕鉤矛鈠濸。〔一一〕尨帠又轡，〔一二〕竹枇緄縁。〔一三〕虎韔鮸膚，〔一四〕交圅二弓。〔一五〕我【卅六】念君子，晝寢晝興。〔一六〕猒＝良人，〔一七〕犀＝惠音。〔一八〕

駬牡孔犀，〔一九〕六繣才手。駼驪是审，〔二〇〕騠駬是參。〔二一〕尨麈是歒，〔二二〕鈠以結納〔二三〕【卅七】。我念君子，忢亓才邑。方可爲亓，〔二四〕古肰余念之。〔二五〕

【寬式釋文】

小戎轃收，五槧良輈。遊環脅驅，陰靷鋈續。文茵象毂，駕其騏馵。我念君子，温其【卅五】如玉。在彼板屋，撓我心曲。

俴駟孔群，鉤矛鋈錞。尨旂有苑，竹柲緄縢。虎韔豹膚，交韔二弓。我【卅六】念君子，載寢載興。厭厭良人，遲遲德音。

四牡孔夷，六轡在手。騏騮是中，騧驪是驂。尨盾是合，鋈以艂軜【卌七】。我念君子，温其在邑。方何爲期，胡然余念之。

注釋：

〔一〕　少戎𨏵箘："小""少"一字分化。"𨏵"，爲"輚"之異體。"箘"，疑爲"籌"字異體，讀作"收"。

〔二〕　五備桹枏："備"，讀作"楘"。"桹"，讀作"良"。"枏"，讀作"輈"。

〔三〕　遊環䡔敺："䡔"，從"攴"，"䣐（業）"聲，疑即"脅迫"之"脅"專字。"敺"，"驅"之異體。

〔四〕　軩紳鈇繽："軩"，即"靲"字，"紟"之異體。簡文"靲"，當指皮制之帶。"鈇"，"鋈"之異體。"繽"，從"糸"，"犢"聲，"續"之異體。

〔五〕　斊䩉象縠："斊"，從"目"，"文"聲，讀作"文"。"䩉"，爲"鞇"之異體。"象"，讀作"暢"，義爲"長"。"縠"，讀爲"轂"。

〔六〕　加亓駈駇："加"，讀作"駕"。"駈"，"騏"之異體。"駇"，讀作"驥"。

〔七〕　恖亓女玉："恖"，從"心"，"囟"聲，"愠"之初文。簡文"恖"讀作"温"。

〔八〕　才皮板屋："皮"，讀作"彼"。

〔九〕　𡘱我心曲："𡘱"，簡文原篆作""，從"又"，"嚻"聲，疑"撓"字之異體，訓爲"亂"。

〔一〇〕駿駟孔群："駿"，讀作"俴"。

〔一一〕鉤矛鈇潭："鉤"，即勾兵，戈戟之屬，與"矛"對舉成文。"潭"，即"淳"字，讀作"錞"。

〔一二〕龙罤又𦳢："龙"有"雜色"之義。"罤"，從"羽"，"市"聲，"旆"

之異體。“蓸”，“苑”之異體。

〔一三〕竹枊縄縢：“枊”，“柲”之異體。“縢”，“縢”之異體。

〔一四〕虎韔韜麋：“”，即“韔”字。“韜”，“豹”之異體。簡文“韜韔”指豹皮所做之韔。“麋”，文獻多作“膺”或“纓”。簡文“韜麋”，指以豹皮飾制之“麋”。

〔一五〕交邕二弓：“邕”，讀作“韔”。

〔一六〕書寢書興：“書”，疑讀作“載”。

〔一七〕猒=良人：“猒”，讀作“厭”。

〔一八〕犀=息音：“犀”，讀爲“遲”。“遲遲”，爲舒徐寬綽之意。“息”，“德”之本字。

〔一九〕駟牡孔犀：“駟牡”，讀作“四牡”。“犀”，參《駟驖》注。

〔二〇〕騂騮是帀：“帀”，讀作“中”。

〔二一〕騠駽是參：“騠”，讀作“騧”。“駽”，“驪”之省形。“參”，讀作“驂”。

〔二二〕龙廥是歛：“龙”，參見前注。“廥”，“盾”之異體。“龙盾”，謂畫雜羽之文於盾。“歛”，讀作“合”。

〔二三〕鈌以結納：“結”，讀作“觼”。《説文》角部：“觼，環之有舌者。”“納”，讀作“軜”。

〔二四〕方可爲亓：“可”，讀作“何”。“亓”，讀作“期”。

〔二五〕古肰余念之：“古”，讀作“胡”。“肰”，讀作“然”。“余”，《爾雅·釋詁》：“我也。”

附録：

《毛詩·秦風·小戎》

小戎俴收，五楘梁輈。游環脅驅，陰靷鋈續。文茵暢轂，駕我騏馵。言念君子，溫其如玉。在其板屋，亂我心曲。

四牡孔阜，六轡在手。騏駵是中，騧驪是驂。龍盾之合，鋈以觼軜。言念君子，溫其在邑。方何爲期？胡然我念之！

俴駟孔群，厹矛鋈錞。蒙伐有苑，虎韔鏤膺。交韔二弓，竹閉緄縢。言念君子，載寢載興。厭厭良人，秩秩德音。

蒹　葭

　　簡本《蒹葭》三章，第一章八句，與《毛詩》同。第二章七句，與《毛詩》相較，缺最後一句。第三章，與《毛詩》相較，缺前五句，僅存後三句（第六句僅存"道"字，第七句存"從之"二字）。《毛詩》三章，章八句。簡本章數、章序和句數，當與《毛詩》同。

【嚴格隸定】
　　蒹苦蒼₌，〔一〕白雺爲霜。〔二〕所胃敺人，〔三〕才水戈方。〔四〕朔韋從之，〔五〕道遬₌【卌八】〔長。朔〕韋從之，〔六〕替才水之审央。〔七〕
　　蒹苦萋₌，白雺未瀸。〔八〕所胃敺人，才水之浣。〔九〕朔韋從之，道戯₌薺。〔一〇〕朔韋從之，道【卌九】〔戯₌又，朔韋〕從之，〔一一〕替才水之审坒。〔一二〕

【寬式釋文】
　　蒹葭蒼蒼，白露爲霜。所謂殹人，在水戈方。遡洄從之，道阻且【卌八】〔長。遡〕洄從之，宛在水之中央。
　　蒹葭萋萋，白露未晞。所謂殹人，在水之湄。遡洄從之，道阻且躋。遡洄從之，道【卌九】〔阻且右，遡洄〕從之，宛在水之中沚。

注釋:

〔一〕 蒹苦蒼=："蒹"，讀作"蒹"。"苦"，讀作"葭"。

〔二〕 白雺爲霜："雺"，讀作"露"。

〔三〕 所胃殹人："胃"，讀作"謂"。"殹"，"殹"之異體，參《何彼襛矣》注。

〔四〕 才水戈方："戈"，即《説文》"一"之古文"弌"。

〔五〕 朔韋從之："朔"，讀作"遡"。"韋"，讀作"洄"。

〔六〕 道遬=〔長。朔〕韋從之："遬"，從"辵"，"叡"聲。"遬"下有重文符號。上"遬"字讀爲"阻"，下"遬"字讀爲"且"。"韋"字上竹簡殘缺，依《毛詩》補"長，遡"二字。楚文字"斿""韋"形近，故疑今本作"游"乃誤書。

〔七〕 薈才水之審央："薈"，讀作"宛"。"審"，讀作"中"。

〔八〕 白雺未濺："濺"，讀作"晞"。

〔九〕 才水之洤："洤"，讀作"湄"。

〔一〇〕道叡=薺："薺"，讀作"躋"。

〔一一〕道〔叡=又，朔韋〕從之："從"字上端竹簡殘缺，《毛詩》此處有"阻且右，遡游"五字。根據每支簡字數，此處可容大約五字。參照《毛詩》"道"字上應爲"宛在水中坻"，按照簡本則應爲"宛在水之中坻"。其後爲《毛詩》第三章"蒹葭采采，白露未已。所謂伊人，在水之涘。遡洄從之"等句。簡本《蒹葭》缺第二章最後一句和第三章前五句，是抄者疏漏，還是所據原抄本問題，不得而知。

〔一二〕薈才水之審坒："坒"，讀作"沚"。

附録：

《毛詩·秦風·蒹葭》

　　蒹葭蒼蒼，白露爲霜。所謂伊人，在水一方。溯洄從之，道阻且長。溯游從之，宛在水中央。

　　蒹葭萋萋，白露未晞。所謂伊人，在水之湄。溯洄從之，道阻且躋。溯游從之，宛在水中坻。

　　蒹葭采采，白露未已。所謂伊人，在水之涘。溯洄從之，道阻且右。溯游從之，宛在水中沚。

終　南

簡本《終南》二章，章六句，與《毛詩》同。

【嚴格隸定】

　　弁南可又=〔一〕柚又某。〔二〕君子至之，綅衣瓜裘。〔三〕庖女渥庶，〔四〕亓君也才。

　　弁南【五十】〔可又=紀〕又棠。〔五〕君子至之，桐衣肅上。〔六〕備玉倉=，〔七〕壽丂不忘。〔八〕

【寬式釋文】

　　終南何有，有柚有梅。君子至之，錦衣狐裘。顔如渥赭，其君也哉。

　　終南【五十】〔何有，有紀〕有棠。君子至之，絅衣繡裳。佩玉瑲瑲，壽考不忘。

注释：

〔一〕　弁南可又=："終"，簡文作"𤕫"形，爲"終"之初文。"可"，讀作"何"。"又"下有重文符號，下"又"字屬下讀。

〔二〕　又柚又某："某"，"楳"之本字，即"梅"之初文。

〔三〕　綅衣瓜裘："綅"讀作"錦"。"瓜"，"狐"之異體。

〔四〕　庖女渥庶："庖"，"顔"之異體。"女"，讀作"如"。"庶"，讀爲“赭”。

〔五〕　弁南〔可又₌紀〕又棠：簡文殘，據《毛詩》補足。

〔六〕　桐衣肅上：“桐”，“絧”之異體，傳世典籍或作“裻”“蘈”“褧”
　　　　等。“肅”，讀作“繡”。簡文“乛”，疑爲“上”字，讀爲“裳”。

〔七〕　備玉倉₌：“備”，讀作“佩”。“倉₌”，讀作“瑲瑲”。

〔八〕　壽万不忘：“万”，讀作“考”。

附録：

《毛詩·秦風·終南》

終南何有？有條有梅。君子至止，錦衣狐裘。顔如渥丹，其君也哉。

終南何有？有紀有堂。君子至止，黻衣繡裳。佩玉將將，壽考不忘。

黃　鳥

　　簡本《黃鳥》三章，章十二句，與《毛詩》同。簡本第一章爲《毛詩》第二章，第二章爲《毛詩》第三章，簡本第三章爲《毛詩》第一章。

【嚴格隸定】

　　皎=黃鳴，止于喪。〔一〕佳從穆公，〔二〕子車中行。〔三〕佳此中行【五十一】，〔四〕〔百〕夫之方。〔五〕臨亓穴，耑=亓栗。〔六〕皮倉者天，〔七〕瀮我良人。〔八〕女可贖也，〔九〕人百亓身。

　　皎=黃鳴，止于楚。佳從穆公，子車【五十二】咸虎。〔一〇〕佳此咸虎，百夫之俉。〔一一〕臨亓穴，耑=亓栗。皮倉者天，瀮我良人。女可贖也，人百亓身。

　　皎=黃鳴，止于杴。〔一二〕佳【五十三】從穆公，子車盍思。〔一三〕佳此盍思，百夫之悥。〔一四〕臨亓穴，耑=亓栗。皮倉者天，瀮我〔良人。女可贖也，人百亓身。〕〔一五〕

【寬式釋文】

　　交交黃鳥，止于桑。誰從穆公，子車仲行。維此仲行【五十一】，〔百〕夫之防。臨其穴，惴惴其慄。彼蒼者天，殲我良人。如可贖也，人百其身。

　　交交黃鳥，止于楚。誰從穆公，子車【五十二】鍼虎。維此鍼虎，百夫之禦。臨其穴，惴惴其慄。彼蒼者天，殲我良人。如可贖也，人百其身。

　　交交黃鳥，止于棘。誰【五十三】從穆公，子車奄思。維此奄思，百夫之特。臨其穴，惴惴其慄。彼蒼者天，殲我〔良人。如可贖也，人百其身。〕

注釋：

〔一〕　皎=黃鳴，止于喪："皎皎"，鳥鳴之聲。"鳴"，當爲"鳥"之增繁字。"喪"，讀爲桑。

〔二〕　佳從穆公："佳"，讀作"誰"。簡文"穆"字作"🔲"，爲"穆"之省形。

〔三〕　子車中行："中"，讀作"仲"。

〔四〕　佳此中行："佳"，讀作"維"。

〔五〕　〔百〕夫之方：竹簡上端殘斷，據《毛詩》補"百"字。"方"，讀作"防"。

〔六〕　耑=亓栗："耑"，讀作"惴"。"栗"，讀作"慄"。

〔七〕　皮倉者天：《毛詩》作"彼蒼者天"。"倉"，讀作"蒼"。

〔八〕　滰我良人："滰"，簡文作"🔲"，"淺"之異體，讀作"殲"。

〔九〕　女可䜮也："女"，讀作"如"。"䜮"，"贖"之異體。

〔一〇〕子車咸虎："咸"，讀作"鍼"。

〔一一〕百夫之俉："俉"，讀作"禦"。

〔一二〕止于杫："杫"，讀作"棘"。

〔一三〕子車盍思："盍"，讀作"奄"。

〔一四〕百夫之悳。"悳"，"德"之異體，讀作"特"。

〔一五〕滋我〔良人。女可贖也，人百亓身〕：此簡下段已殘，據《毛詩》補。

附録：

《毛詩·秦風·黃鳥》

　　交交黃鳥，止于棘。誰從穆公，子車奄息。維此奄息，百夫之特。臨其穴，惴惴其慄。彼蒼者天，殲我良人。如可贖兮，人百其身。

　　交交黃鳥，止于桑。誰從穆公，子車仲行。維此仲行，百夫之防。臨其穴，惴惴其慄。彼蒼者天，殲我良人。如可贖兮，人百其身。

　　交交黃鳥，止于楚。誰從穆公，子車鍼虎。維此鍼虎，百夫之禦。臨其穴，惴惴其慄。彼蒼者天，殲我良人。如可贖兮，人百其身。

渭 陽^{〔一〕}

簡本《渭陽》殘缺，根據編聯關係，可知該詩二章，章四句，與《毛詩》同。

【嚴格隸定】

〔我【五十四】〕遺咎氏，^{〔二〕}裔至于易，^{〔三〕}可目曾之，^{〔四〕}逢車䡵璜。^{〔五〕}

我遺咎氏，舀=我思^{〔六〕}☐

【寬式釋文】

〔我【五十四】〕遺舅氏，遹至于陽，何以贈之，路車乘黃。

我遺舅氏，悠悠我思☐

注釋：

〔一〕 簡文全詩無 "渭" 字，今本《渭陽》之名由何而來，待考。

〔二〕 〔我〕遺咎氏：簡文 "遺" 字前接上一支簡當有 "我" 字，竹簡已殘失，據《毛詩》補。"遺" 爲 "送行" 之義。

〔三〕 裔至于易："裔"，讀作 "遹"，爲發語之詞。

〔四〕 可以曾之："可"，讀作 "何"。"曾"，讀作 "贈"。

〔五〕 逢車䡵璜："逢"，"路" 之異體。"䡵"，爲 "車乘" 之專字。"璜"，讀作 "黃"。

〔六〕 伐﹦我思☐："伐﹦"，讀作"悠悠"。此簡下端殘缺部分，可據
《毛詩》補"何以贈之，瓊瑰玉珮"一句。

附録：

《毛詩·秦風·渭陽》

我送舅氏，曰至渭陽。何以贈之，路車乘黃。
我送舅氏，悠悠我思。何以贈之，瓊瑰玉佩。

晨　風

簡本《晨風》今存首章兩句，《毛詩》三章，章六句。

【嚴格隸定】

☒宛皮唇風，〔一〕炊皮北林〔二〕【五十五】☒

【寬式釋文】

☒鴥彼晨風，鬱彼北林【五十五】☒

注釋：

〔一〕　宛皮唇風："宛"，疑從"如"，"穴"聲，讀作"鴥"。"唇"，"晨"
之異體。

〔二〕　炊皮北林：簡文"炊"，從"欠"，"火"聲，讀作"鬱"。竹簡下已
殘缺。

附録：

《毛詩·秦風·晨風》

鴥彼晨風，鬱彼北林。未見君子，憂心欽欽。如何如何，忘我
實多。

山有苞櫟，隰有六駁。未見君子，憂心靡樂。如何如何，忘我實多。

　　山有苞棣，隰有樹檖。未見君子，憂心如醉。如何如何，忘我實多。

無 衣

簡本《無衣》今僅存殘句。《毛詩》三章，章五句。

【嚴格隸定】

☐戗，〔一〕與子皆偯。〔二〕曾子以組，〔三〕显月牆邁。〔四〕

【寬式釋文】

☐戟，與子偕作。贈子以組，明月將逝。

注釋：

〔一〕 ☐戗：簡文此句只殘存一"戗"字，當爲《毛詩》"脩我矛戟"。"戗"，從"戈"，"羋"聲，"戟"之異體。

〔二〕 與子皆偯："皆"，讀作"偕"。"偯"，"作"之繁文。

〔三〕 曾子以組：簡文"曾子組显月牆邁"八字，爲今本《毛詩·秦風·無衣》所無。"曾"，讀爲"贈"。"組"，《詩集傳》："織絲爲之。"

〔三〕 显月牆邁："显"，"盟"之異體，讀爲"明"。"牆"，"醬"之異體，讀爲"將"。"邁"，讀爲"逝"。

附録:

《毛詩·秦風·無衣》

豈曰無衣，與子同袍。王于興師，脩我戈矛，與子同仇。
豈曰無衣，與子同澤。王于興師，脩我矛戟，與子偕作。
豈曰無衣，與子同裳。王于興師，脩我甲兵，與子偕行。

權　輿

　　簡本《權輿》第一章五句，與《毛詩》同；第二章存二句（少一字，當在下支簡）。《毛詩》二章，章五句。

【嚴格隸定】

　　旨也於我，[一]頭屋萱=。[二]今也昏飤亡余。[三]于差，[四]不再權塁。[五]

　　旨也於我，昏飤八[六]【五十九】

【寬式釋文】

　　始也於我，夏屋渠渠。今也每食亡餘。于嗟，不稱權輿。

　　始也於我，每食八【五十九】

注釋：

〔一〕　旨也於我："旨也"讀爲"始也"，與下句"今也"正相對。又《爾雅・釋詁》："權輿，始也。"簡文開篇"始也"與篇名正相呼應。

〔二〕　頭屋萱=："頭"，即"夏"字。"萱"，疑"苣"之異體，讀作"渠"。《詩集傳》："渠渠，深廣貌。"

〔三〕　今也昏飤亡余："昏"，"謀"之古文，讀作"每"。"飤"，讀作"食"。"余"，讀作"餘"。"餘"爲"余"之後起分化字。

〔四〕　于差："差"，讀作"嗟"。

〔五〕 不再權輿："再"，讀爲"稱"。《荀子·禮論》："貧富輕重皆有稱者也。"楊倞注："稱，謂各當其宜。""輿"，讀作"興"。

〔六〕 啚飤八："啚"，讀作"每"。簡本所記數字與《毛詩》有別。

附録：

《毛詩·秦風·權輿》

於我乎，夏屋渠渠，今也每食無餘。于嗟乎，不承權輿。
於我乎，每食四簋，今也每食不飽。于嗟乎，不承權輿。

矦　風

《矦》，共十三支簡，編號從第
七十一號至八十三號。完簡兩支，
其餘十支稍有殘斷。有三道編痕，
末尾有簡號。内容爲《毛詩·魏風》
中的《汾沮洳》《陟岵》《園有桃》《伐
檀》《碩鼠》《十畝之閒》六篇。第
八十三號簡中部有"矦六"二字，應
即指此六篇。

汾沮洳

　　簡本《汾沮洳》首章殘，第二章僅存"公行"兩字，第三章完整。《毛詩》三章，章六句。

【嚴格隸定】

　　〔牧異〕公行。〔一〕

　　皮茨戈凵，〔二〕言采亓薂。〔三〕皮仉之子，〔四〕亓＝妽＝女玉，〔五〕牧異公族。〔六〕

【寬式釋文】

　　〔殊異〕公行。

　　彼焚一曲，言采其薲。彼仉之子，其娍其娍如玉，殊異公族。

注釋：

〔一〕　〔牧異〕公行：簡頭殘，《毛詩》作"殊異乎公行"。"公行"，《鄭箋》："從公之行者，主君兵車之行列。"

〔二〕　皮茨戈凵：《毛詩》作"彼汾一曲"。"茨"，從"艸"、從"火"，會意，"焚"字異體。"焚""汾"音近可通。《毛傳》："汾，水也。""凵"，即"曲"字象形，《說文》古文"乚"所本。《詩集傳》："一曲，謂水曲流處。"

〔三〕　言采亓薂：《毛詩》作"言采其薲"。"言"，《鄭箋》："言，我也。"

“蔽”，作“”，從“艸”，“敕”聲。“敕”所從“束”旁與一般寫法有別，《毛詩》作“蕡”，二字音近可通（黃德寬説）。或疑從“攴”，“蕡”聲。

〔四〕　皮仉之子：《毛詩》作“彼其之子”。“仉”，從“人”，“己”聲，與“其”音近可通。“之子”，《鄭箋》：“是子也。”

〔五〕　亓＝娩＝女玉：《毛詩》作“美如玉，美如玉”。“娩”，從“女”，“屵”聲，“媺（美）”字異體。簡本“亓”“娩”下有重文符號。

〔六〕　敉異公族：《毛詩》作“殊異乎公族”。“敉”“殊”諧聲可通。《鄭箋》：“公族，主君同姓昭穆也。”

附録：

《毛詩·魏風·汾沮洳》

彼汾沮洳，言采其莫。彼其之子，美無度。美無度，殊異乎公路。
彼汾一方，言采其桑。彼其之子，美如英。美如英，殊異乎公行。
彼汾一曲，言采其藚。彼其之子，美如玉。美如玉，殊異乎公族。

陟 岵

簡本《陟岵》三章，章六句，與《毛詩》同。

【嚴格隸定】

陟皮古可，〔一〕詹䁥父可。〔二〕父曰：差余子，〔三〕行𠬝個夜【七十二】毋已。〔四〕尚新坦才，〔五〕允逨毋迲。〔六〕

陟皮杞可，〔七〕詹䁥毋可。母曰：差余季，行𠬝個夜毋㚏。〔八〕尚新坦才，允逨毋弃。〔九〕

陟皮阬可【七十三】，〔十〕詹䁥䡖₌曰：差舍弟，〔十一〕行𠬝個夜必皆。〔十二〕尚新坦才，允逨母死。

【寬式釋文】

陟彼岵兮，瞻望父兮。父曰：嗟余子，行役夙夜【七十二】毋已。尚慎旃哉，允來毋止。

陟彼屺兮，瞻望毋兮。母曰：嗟余季，行役夙夜毋寐。尚慎旃哉，允來毋棄。

陟彼岡兮【七十三】，瞻望兄，兄曰：嗟余弟，行役夙夜必偕。尚慎旃哉，允来毋死。

注釋：

〔一〕 陟皮古可：《毛詩》作“陟彼岵兮”。“古”“岵”諧聲可通。《毛傳》：

"山無草木曰岵。"

〔二〕　詹窒父可:《毛詩》作"瞻望父兮"。"詹""瞻"諧聲可通。"窒",
從"視","室"聲,"望"字異體。

〔三〕　差余子:《毛詩》作"嗟予子"。"差""嗟"諧聲可通。"余""予"
古通。《鄭箋》:"予,我。"

〔四〕　行没佰夜毋已:《毛詩》作"行役夙夜無已"。"没","役"字異
體。"佰","宿"字初文,《説文》以爲"夙"古文。

〔五〕　尚訢坦才:《毛詩》作"上慎旃哉"。"上"爲古文,"尚"爲今文。
"訢",從"言","忻"聲,讀爲"慎"。"坦""旃"音近可通。《毛傳》:
"旃,之。"

〔六〕　允茶毋逹:《毛詩》作"猶來無止"。"允""猶"音近可通。"茶",
從"止","來"聲,"來去"之"來"的異體。"逹",從"辵","寺"
聲,《毛詩》作"止",二字音近可通。

〔七〕　陟皮杞可:《毛詩》作"陟彼屺兮"。"杞""屺"諧聲可通。《毛
傳》:"山有草木曰屺。"

〔八〕　差余季,行没佰夜毋帰:《毛詩》作"嗟予季,行役夙夜無寐"。
《毛傳》:"季,少子也。""帰","寢"之異體,《毛詩》作"寐",
見上文《關雎》注。

〔九〕　尚訢坦才,允茶毋弃:《毛詩》作"上慎旃哉,猶來無棄"。"訢",
從"言","斦"聲。所從"◉"疑爲"申"之變體,作聲符(參徐
在國《上博楚簡文字聲系》第2188頁)。

〔十〕　陟皮阮可:《毛詩》作"陟彼岡兮"。"阮",從"阜","亢"聲。《毛
詩》作"岡"。參上文《卷耳》注。

〔十一〕詹窒嵬=曰差舍弟:《毛詩》作"瞻望兄兮。兄曰:嗟,予弟"。
"嵬","兄"字繁體,加注"生"聲,右下有重文符號。"舍",從

"口"，"余"聲，此讀爲"余"。

〔十二〕行迓佈夜必皆：《毛詩》作"行役夙夜必偕"。"皆""偕"諧聲可
　　　通。《毛傳》："偕，俱也。"

附録：

《毛詩·魏風·陟岵》

　　陟彼岵兮，瞻望父兮。父曰：嗟！予子，行役夙夜無已。上慎旃
哉，猶來無止。

　　陟彼屺兮，瞻望母兮。母曰：嗟！予季，行役夙夜無寐。上慎旃
哉，猶來無棄。

　　陟彼岡兮，瞻望兄兮。兄曰：嗟！予弟，行役夙夜必偕。上慎旃
哉，猶來無死。

園有桃

簡本《園有桃》二章，章十二句，與《毛詩》同。

【嚴格隸定】

園又桃，^{〔一〕}亓實是肴。^{〔二〕}心之悪，言訶虞【七十四】〔謠〕。^{〔三〕}〔不我〕智者，胃我士喬。^{〔四〕}皮人是才，子員可亓。^{〔五〕}心之悪矣，隹=亓=智=之=，割勿思。^{〔六〕}

園又楉，^{〔七〕}亓實是飤。心之悪矣，翏【七十五】行四或。^{〔八〕}不我智者，胃我士無夗。^{〔九〕}皮人是才，子員可亓。心之悪矣，隹=亓=智=之=，割亦勿思。

【寬式釋文】

園有桃，其實是肴。心之憂，言歌且【七十四】〔謠〕。〔不我〕知者，謂我士驕。彼人是哉，子員何其。心之憂矣，誰其知之，誰其知之，蓋勿思。

園有楉，其實是飤。心之憂矣，翏【七十五】行四或。不我知者，謂我士無夗。彼人是哉，子員何其。心之憂矣，誰其知之，誰其知之，蓋亦勿思。

注釋：

〔一〕 園又桃：《毛詩》作"園有桃"。"園"，從"口"，"爰"聲，"園"之

　安徽大學藏戰國竹簡·詩經

異體。見上文《駉驖》注。

〔二〕亓實是肴：《毛詩》作"其實之殽"。王引之《經傳釋詞》："是，猶'之'也。"《説文》肉部："肴，啖也。从肉，爻聲。"段注："今經傳皆作殽，非古經之舊也。"

〔三〕心之惪，言詞虔〔謠〕：《毛詩》作"心之憂矣，我歌且謡"。簡殘，據《毛詩》補"謡"。《説文》心部："惪，愁也。从心，从頁。"《説文》夊部："憂，和之行也。从夊，惪聲。"段注："'憂'今字作'優'，以'憂'爲'惪愁'字。""詞"，《説文》欠部："歌，詠也。从欠，哥聲。𧮫，歌或从言。"段注："歌永言，故从言。"

〔四〕〔不我〕智者，胃我士喬：《毛詩》作"不我知者，謂我士也驕"。簡殘，據《毛詩》補"不我"。"知""智"二字古通。"喬""驕"諧聲可通。

〔五〕子員可亓：《毛詩》作"子曰何其"。"員"，讀作"云"，古音相通。《毛詩》作"曰"，義同。"可""何"諧聲可通。

〔六〕心之憂矣，隹=亓=智=之=，割勿思：《毛詩》作"心之憂矣，其誰知之。其誰知之，蓋亦勿思"。"隹亓智之"四字下分別有重文符號。"割"，從"刀"，"害"聲，"割"字異體。"割""蓋"音近可通。或疑讀爲"曷"。

〔七〕園又楳：《毛詩》作"園有棘"。楳，從"木"，"𡘜"聲，"棘"字異體。

〔八〕翏行四或：《毛詩》作"聊以行國"。"翏""聊"二字古通。"或"，"國"字初文。

〔九〕胃我士無𠄏：《毛詩》作"謂我士也罔極"。"𠄏"，即"亙（恆）"，《説文》二部："恆，常也。𠄔，古文恆从月。"段注："蓋古文

'月' 字略似 '外' 字。"

附録：

《毛詩 · 魏風 · 園有桃》

園有桃，其實之肴。心之憂矣，我歌且謠。不我知者，謂我士也驕。彼人是哉，子曰何其？心之憂矣，其誰知之！其誰知之！蓋亦勿思！

園有棘，其實之食。心之憂矣，聊以行國。不我知者，謂我士也罔極。彼人是哉，子曰何其？心之憂矣，其誰知之！其誰知之！蓋亦勿思！

伐　檀

簡本《伐檀》三章，章九句，與《毛詩》同。

【嚴格隸定】

歓=伐桓可，〔一〕今牰至者【七十六】河之愢可，〔二〕河水清虡繠可。〔三〕不豪不歠，〔四〕古取爾禾三百坦可。〔五〕不獸不逨，〔六〕古詹爾廷又縣鵌可。〔七〕皮君子可【七十七】，不傃餞可。〔八〕

墊=伐檦可，〔九〕今牰至者河之戾可，〔十〕河之水清虡悳可。〔十一〕不豪不歠，古取爾禾三百箮可。〔十二〕不獸不〔獵〕【七十八】，〔古〕詹爾廷又縣軿可。〔十三〕皮君子可，不索飤可。

墊=伐輪可，今牰至者河之沌可，〔十四〕河水清虡淪可。不豪不歠【七十九】，〔古取〕爾禾三百囷可。〔十五〕不獸不遷，古詹爾廷又縣麿可。〔十六〕皮君子可，不索餽可。〔十七〕

【寬式釋文】

坎坎伐桓兮，今將至者【七十六】河之干兮，河水清且漣兮。不稼不穡，胡取爾禾三百坦兮。不獸不獵，胡瞻爾庭有縣貆兮。彼君子兮【七十七】，不素餐兮。

坎坎伐輻兮，今將至者河之戾兮，河之水清且悳兮。不稼不穡，胡取爾禾三百億兮。不獸不〔獵〕【七十八】，〔胡〕瞻爾庭有縣特兮。彼君子兮，不素飤兮。

坎坎伐輪兮，今將至者河之沌兮，河水清且淪兮。不稼不穡【七十九】,〔胡取〕爾禾三百囷兮。不獸不獵，胡瞻爾庭有縣麇兮。彼君子兮，不索餚兮。

注釋:

〔一〕 歁=伐桓可：《毛詩》作"坎坎伐檀兮"。"歁"，從"章"、從"欠"，即《説文》"贑"字所從聲旁"竷"。"坎""歁"相通。《毛傳》："坎坎，伐檀聲。""桓"，從"木"，"旦"聲，"檀"字異體。

〔二〕 今牺至者河之戀可：《毛詩》作"寘之河之干兮"。"至""寘"音近可通，《毛傳》："寘，置也。""者"，讀"諸"，相當於"之乎"。"戀"，從"心"，"瞯（澗）"聲，"干""澗"二字古通。《毛詩·衛風·考槃》"考槃在澗"，《經典釋文》："澗，《韓詩》作干。"《毛傳》："干，厓也。"

〔三〕 河水清虞纞可：《毛詩》作"河水清且漣猗"。"纞"，從"車"，"戀"省聲，"纞""漣"音近可通。"可"，洪适《隸釋》載漢石經《魯詩》殘碑作"兮"。"兮""猗"古通用。

〔四〕 不豖不歠：《毛詩》作"不稼不穡"。"豖"，從"爪"、從"家"，通"稼"。"歠"：本詩凡三見，分別作"■""■""■"，從"攵"、從"土"（或累增飾符"口"），"畱"聲（徐在國説）。上古音"穡"屬山紐職部，"畱"屬莊紐之部，聲紐一系，韻部陰入對轉，故可通。

〔五〕 古取爾禾三百坦可：《毛詩》作"胡取禾三百廛兮"。"古""胡"諧聲可通。"坦""廛"音近可通。《毛傳》："一夫之居曰廛。"

〔六〕 不獸不逯：《毛詩》作"不狩不獵"。"獸"，"獸"字異體。《鄭箋》："冬獵曰獸。""逯"，疑"獵"字異體，作"■"，從"辵"、從

"梏"字古形；二章該字殘缺；三章則作""，從"辵"、從
"虜"。

〔七〕 古詹爾廷又縣鸁可：《毛詩》作"胡瞻爾庭有縣狟兮"。"鸁"，
作""，即"獂"字異體。從""（豨），"備"（"遽"省）聲。
"原""狟"音近可通。《鄭箋》："貉子曰狟。"

〔八〕 不傃餕可：《毛詩》作"不素餐兮"。"傃"，從"人"，"索"聲。
"索""素"古通。"餕""餐"音近可通。

〔九〕 墊=伐檦可：《毛詩》作"坎坎伐輻兮"。"檦"，從"木"，"福"聲，
"輻"字異體。《毛傳》："輻，檀輻也。"

〔十〕 今牲至者河之昃可：《毛詩》作"寘之河之側兮"。"昃""側"同
義。《毛傳》："側，猶厓也。"

〔十一〕河之水清廈惪可：《毛詩》作"河水清且直猗"。典籍中"直"
"德"可通，《書・益稷》："其弼直。"《史記・夏本紀》作"其
輔德"。

〔十二〕古取爾禾三百啬可：《毛詩》作"胡取禾三百億兮"。"啬"，"億"
字初文。

〔十三〕〔古〕詹爾廷又縣䮘可：《毛詩》作"胡瞻爾庭有縣特兮"。"䮘"，
"悳""㝵"皆聲，雙聲字。典籍中"特"與"德""得"相通（參高
亨《古字通假會典》第 407、408 頁）。《毛傳》："獸三歲曰特。"

〔十四〕今牲至者河之沌可：《毛詩》作"寘之河之漘兮"。"沌"，從
"水"，"屯"聲。"漘""沌"音近可通。《毛傳》："漘，厓也。"

〔十五〕〔古取〕爾禾三百圍可：《毛詩》作"胡取禾三百囷兮"。"圍"，從
"囗"，"靡"聲。"囷"是會意字，"圍"可能是"囷"的形聲字（李
家浩説）。《毛傳》："圓者爲囷。"

〔十六〕古詹爾廷又縣磨可：《毛詩》作"胡瞻爾庭有縣鶉兮"。"磨"，從

"鹿"，"君"聲，即"麇"字異體。"麞""鹟"音近可通。

〔十七〕不素餶可：《毛詩》作"不素飧兮"。"餶"，從"食"，"君"聲。
　　　"飧""君"音近可通。《毛傳》："熟食曰飧。"

附録：

《毛詩·魏風·伐檀》

　　坎坎伐檀兮，寘之河之干兮。河水清且漣猗。不稼不穡，胡取禾
三百廛兮？不狩不獵，胡瞻爾庭有縣貆兮？彼君子兮，不素餐兮！

　　坎坎伐輻兮，寘之河之側兮。河水清且直猗。不稼不穡，胡取禾
三百億兮？不狩不獵，胡瞻爾庭有縣特兮？彼君子兮，不素食兮！

　　坎坎伐輪兮，寘之河之漘兮。河水清且淪猗。不稼不穡，胡取禾
三百囷兮？不狩不獵，胡瞻爾庭有縣鶉兮？彼君子兮，不素飧兮！

碩　鼠

簡本《碩鼠》三章，章八句，與《毛詩》同。簡本第一章爲《毛詩》第二章，第二章爲《毛詩》第一章。

【嚴格隸定】

砳=鼰=，〔一〕毋飤我䅘。〔二〕三歲縊女，〔三〕莫【八十】〔我冑㥷。道牉达女〕，適皮樂=或=，〔四〕爰旻我惪。〔五〕

石=鼰=，〔六〕毋飤我番。〔七〕三歲縊女，莫我冑與。〔八〕道牉达女，〔九〕適皮樂=土=，爰旻我所。

石=【八十一】〔鼰=〕，〔毋〕飤我苗。〔十〕三歲縊女，莫我冑袋。〔十一〕道牉达女，適皮樂=蒿=。〔十二〕佳亓兼㕍。〔十三〕

【寬式釋文】

碩鼠碩鼠，毋食我麥。三歲貫女，莫【八十】〔我肯德。逝將去女〕，適彼樂國，樂國，爰得我直。

碩鼠碩鼠，毋食我黍。三歲貫女，莫我肯顧。逝將去女，適彼樂土，樂土，爰得我所。

碩〔鼠〕碩〔鼠〕【八十一】，〔毋〕食我苗。三歲貫女，莫我肯勞。逝將去女，適彼樂郊，樂郊。誰其兼號。

注釋:

〔一〕 砳=鼬=：《毛詩》作"碩鼠碩鼠"。"砳"，從口，石聲，通"碩"。"鼬"，從"鼠"，"予"聲，爲"鼠"字異體（參李鵬輝《清華簡陸筆記二則》，復旦大學出土文獻與古文字研究中心網站，2016 年 4 月 20 日）。二字下有重文符號。

〔二〕 毌飤我麳：《毛詩》作"無食我麥"。"麳"，從"艸"、從"來"省、從"米"，"麥"字異體。《説文》來部："來，周所受瑞麥來麰，一來二縫，象芒束之形。天所來也，故爲行來之來。《詩》曰：'詒我來麰。'"

〔三〕 三散孌女：《毛詩》作"三歲貫女"。"散"，"歲"字異體。"孌""貫"音近相通。《毛傳》："貫，事也。"

〔四〕 遆皮樂=或=：《毛詩》作"適彼樂國。樂國樂國"。"遆"，從"辵"，"帝"聲，"適"字異體。"或"，"國"之初文。"樂""或"下有重文符號。

〔五〕 爰旻我惪：《毛詩》作"爰得我直"。"爰"，《鄭箋》："爰，曰也。""旻"，"得"字初文。"惪""直"古通。《毛傳》："直，得其直道。"

〔六〕 石=鼬=：《毛詩》作"碩鼠碩鼠"。"石"通"碩"。二字下有重文符號。

〔七〕 毌飤我番：《毛詩》作"無食我黍"。"番"，從"黍"、從"田"，"黍"字繁形。

〔八〕 莫我肎與：《毛詩》作"莫我肯顧"。"與"，《論語·微子》："吾非斯人之徒與而誰與？"《邢疏》："與，謂相親與。""與""顧"義近換用。

〔九〕 谙牂达女：《毛詩》作"逝將去女"。"谙"，從"音"聲，讀爲"噬"。《毛詩·唐風·有杕之杜》"噬肯適我"，陸德明《釋文》：

“噬，《韓詩》作‘逝’。”“逝”“噬”音近可通。“达”，從“辵”，爲
贅加意符，“去”之繁體。

〔十〕 據前文可補“飤”前缺字“毋”。《毛詩》作“無食我苗”。

〔十一〕莫我肎褮：《毛詩》作“莫我肯勞”。“褮”，即“褮”字初文。《説
文》衣部：“褮，鬼衣。从衣，熒省聲。”“褮”通“勞”。

〔十二〕逌皮樂゠蒿゠：《毛詩》作“適彼樂郊。樂郊樂郊”。“蒿”“郊”音
近可通。“樂”“蒿”下有重文符號。

〔十三〕隹丌羕虖：《毛詩》作“誰之永號”。“丌”，即“其”字，《毛詩》作
“之”。《吕氏春秋·音初篇》注：“之，其也。”“羕”，《説文》永
部：“羕，水長也。从永，羊聲。《詩》曰：‘江之羕矣。’”段注：
“《漢廣》文，《毛詩》作‘永’，韓詩作‘羕’，古音同也。”“虖”，
即“唬”字，《説文》口部：“唬，虎聲也。从口、虎。讀若暠。”
朱駿聲《説文通訓定聲》：“唬叚借爲號。”《集韻》：“號，《説
文》：‘呼也。’或作謼，亦作嘑、號、唬。”

附録：

《毛詩·魏風·碩鼠》

碩鼠碩鼠，無食我黍！三歲貫女，莫我肯顧。逝將去女，適彼樂
土。樂土樂土，爰得我所。

碩鼠碩鼠，無食我麥！三歲貫女，莫我肯德。逝將去女，適彼樂
國。樂國樂國，爰得我直。

碩鼠碩鼠，無食我苗！三歲貫女，莫我肯勞。逝將去女，適彼樂
郊。樂郊樂郊，誰之永號？

十畝之間

簡本《十畝之間》二章，章三句，與《毛詩》同。

【嚴格隸定】

十畮之肩，〔一〕喪者閖＝，〔二〕行與子還。〔三〕

十【八十二】畮之外，〔四〕喪者大＝，〔五〕行與子道。〔六〕

【寬式釋文】

十畝之間，桑者閖閖，行與子還。

十【八十二】畝之外，桑者泄泄，行與子逝。

注釋：

〔一〕 十畮之肩：《毛詩》作"十畝之間兮"。"畮"，從"田"，"母"聲，"畝"字異體。"間""肩"皆是見紐元部，可通。

〔二〕 喪者閖＝：《毛詩》作"桑者閑閑兮"。"喪"，通"桑"。"閖"，即《說文》"閒"之古文所本。《釋文》作"閑閑"，曰："音閑。本亦作'閑'，往來無別皃。"其下有重文符號。

〔三〕 行與子還：《毛詩》作"行與子還兮"。

〔四〕 據前文可補"畮"前缺字"十"，《毛詩》作"十畝之外兮"。

〔五〕 喪者大＝：《毛詩》作"桑者泄泄兮"。"大"下有重文符號。《毛詩》作"泄泄"。"泄""大"音近可通。《史記·周本紀》："子靈王

泄心立。"《國語‧晉語》"泄心"作"大心"（參高亨《古字通假會
典》第 634 頁）。《毛傳》："泄泄，多人之貌。"

〔六〕　行與子道：《毛詩》作"行與子逝兮"。簡本無"兮"字。"道"，
《毛詩》作"逝"。參上文《碩鼠》注。

附録：

《毛詩‧魏風‧十畝之間》

十畝之間兮，桑者閑閑兮。行與子還兮。
十畝之外兮，桑者泄泄兮。行與子逝兮。

篇末文字

【嚴格隸定】
俟[一]六

【寬式釋文】
侯六

注釋：

〔一〕　俟六：俟，即"侯"字。俟六，指簡本所抄《汾沮洳》《陟岵》《園
有桃》《伐檀》《碩鼠》《十畝之間》六篇。但在《毛詩》中，這六
篇屬於《魏風》。黃德寬認爲"俟"即"王風"，疑《魏風》六篇乃
抄手誤置。另北宋蘇轍《詩集傳》認爲《毛詩‧魏風》是晉詩，

若蘇説可信的話，則"矣"亦有可能指"晉"。"矣六"下有"句"
號，表明《矣》共六篇，抄録完畢。

【嚴格隸定】

俊魚寺＝〔一〕

魚者索人見，〔二〕隹心虫之，黍者虫之〔三〕【八十三】

【寬式釋文】

作吾之詩

吾者昔人見，誰心忡之，余者忡之【八十三】

注釋：

〔一〕 俊魚寺＝：簡文此句抄於"矣六"之下，與"矣六"二字間隔開，
並加墨點，表明其獨立成句。疑讀爲"作吾之詩"。"俊"，從
"人"，"复"聲，"作"字異體。魚，讀爲"吾"，指上文"矣六"之
"矣"（參高亨《古字通假會典》第855頁）。寺，右下有合文符
號，讀爲"之詩"。《上博二·容五一》"之日"合文作" "。《上
博五·季七》"之志"合文作" "。《上博二·子四》"每以學寺"
讀爲"敏以學詩"。

〔二〕 魚者索人見：疑讀爲"吾者昔人見"。索，讀爲"昔"。《周易》震
卦上六"震索索"，馬王堆帛書本作"辰昔昔"。

〔三〕 隹心虫之，黍者虫之：疑讀爲"誰心忡之，余者忡之"。黍，讀
爲"余"，第一人稱代詞（參高亨《古字通假會典》第834、837
頁）。"者虫之"三字墨色較淡，簡末端殘缺。徐在國認爲是練字
用的，比如"俊""寺＝"等字，均見於上述簡文。因爲寫完"矣

六"後簡有空白，抄手就寫了一些簡文中的字，用以練筆。再比如："𢒰"，此字即"索"，與《伐檀》"不索餶可"之"索"作"𢒰"形同。其餘諸字均可作如是觀。

鄘　風

"甬"即《鄘风》，存詩七篇。簡現存十三支，簡面下部編號從"八十四"至"九十九"，簡號"八十五""八十七""八十八""九十三"殘缺。缺第九十五、九十六、九十七號三支簡。最後一支簡末有"甬九　白舟　九十九"，標明《甬（鄘）》應收詩九篇，首篇爲《白（柏）舟》。

柏　舟

簡本《柏舟》二章，章七句，與《毛詩》同。

【嚴格隸定】

泛皮白舟，〔一〕才皮审河。〔二〕淋皮兩𩔖，〔三〕是隹我義。〔四〕死矢林它。〔五〕母可天氏，〔六〕不京人氏！〔七〕

泛皮白舟，才皮河昃。〔八〕淋皮【八十四】兩𩔖，是隹我惪。〔九〕死矢林弋。〔十〕母可天氏，不京人氏！

【寬式釋文】

泛彼柏舟，在彼中河。髧彼兩髦，實維我儀。死矢靡它。母兮天只，不諒人只！

泛彼柏舟，在彼河側。髧彼【八十四】兩髦，實維我特。死矢靡慝。母兮天只，不諒人只！

注釋：

〔一〕　泛皮白舟：“泛”，船在河中漂浮。“皮”，讀爲“彼”，代詞。“白”，讀爲“柏”。“柏舟”，柏木製成的小船。

〔二〕　才皮审河：“才”讀爲“在”。“审河”，即“中河”，河中。

〔三〕　淋皮兩𩔖：“淋”，“湛”字異體，讀爲“髧”，頭髮下垂的樣子。“𩔖”，讀爲“髦”。兩髦，古代男子未成年時（行冠禮前），頭髮齊眉，分向兩邊。

〔四〕 是隹我義："是"，讀爲"實"，語助詞。該義典籍亦常見用"是"
或"寔"，此或不必改讀。"隹"，讀爲"維"，乃，是。"義"，讀爲
"儀"，配偶。

〔五〕 死矢秫它："死"，至死，終生。"矢"，讀爲"誓"，發誓。"秫"，
"麻"之初文，讀爲"靡"。"靡它"，無他心，無二心。

〔六〕 母可天氏："可"，讀爲"兮"，"氏"，讀爲"只"，均爲語氣詞。
"天"，詩中指父親。

〔七〕 不京人氏："京"，讀爲"諒"，相信。

〔八〕 才皮河昃："昃"，讀爲"側"，河岸邊。

〔九〕 是隹我悳："悳"，即"德"字，讀爲"特"，配偶，義同"儀"。

〔十〕 死矢秫弋："弋"，讀爲"忒"或"慝"，差錯，改變，變心。

附録：

《毛詩·鄘風·柏舟》

汎彼柏舟，在彼中河。髧彼兩髦，實維我儀。之死矢靡它。母也
天只！不諒人只！

汎彼柏舟，在彼河側。髧彼兩髦，實維我特。之死矢靡慝。
母也天只！不諒人只！

牆有茨

簡本《牆有茨》三章，章六句，與《毛詩》同。簡本第一章爲《毛詩》第三章，第三章爲《毛詩》第一章。

【嚴格隸定】

牆又蔆薋，[一]不可敓也。[二]审㑯之言，[三]不可譚也。[四]〔所可【八十五】〕譚也，言之辱也。[五]

牆又蔆薋，不可毆也。[六]审㑯之言，不可譹也。[七]所可譹也，言之長也。

牆又蔆薋，不可帰【八十六】也。[八]审㑯之言，不可道也。所可道也，言之猷。[九]

【寬式釋文】

牆有蒺藜，不可束也。中冓之言，不可讀也。〔所可【八十五】〕讀也，言之辱也。

牆有蒺藜，不可攘也。中冓之言，不可譹也。所可譹也，言之長也。

牆有蒺藜，不可埽【八十六】也。中冓之言，不可道也。所可道也，言之醜。

注釋：

〔一〕　牆又蠚蝥："牆"，楚文字"牆"。"蠚蝥"，即"蛛蝥（蠣）"，是一種"似蝗而大腹，長角，能食蛇腦"的昆蟲（參《爾雅·釋蟲》"蒺藜"條郭璞注）。《毛詩》或因"蛛蝥"可讀爲"蒺藜"而合音作"茨"。

〔二〕　不可欶也："欶"，讀爲"束"，捆束、包裹起來丟棄。

〔三〕　审殈之言："审殈"，讀爲"中冓"，指夜半。"中冓之言"，夜半隱僻之言。

〔四〕　不可譚也："譚"，讀爲"讀"，傳言，宣揚。

〔五〕　〔所可〕譚也，言之辱也：簡本殘缺"所可"二字。"辱"，羞恥，與"醜"義近。

〔六〕　不可毇也："毇"，即"襄"字，除去。或讀爲"攘"，義同。

〔七〕　不可諹也："諹"，宣揚，傳揚。

〔八〕　不可埽也："埽"，讀爲"埽"，掃除掉。

〔九〕　言之猷："猷"，讀爲"醜"。該句末無語氣詞"也"，從上下文來看，很可能是抄寫脱漏。

附錄：

《毛詩·鄘風·牆有茨》

牆有茨，不可埽也。中冓之言，不可道也。所可道也，言之醜也。
牆有茨，不可襄也。中冓之言，不可詳也。所可詳也，言之長也。
牆有茨，不可束也。中冓之言，不可讀也。所可讀也，言之辱也。

君子偕老

簡本《君子偕老》三章，與《毛詩》同。第一章簡本與《毛詩》皆七句，第二章簡本六句、《毛詩》九句，第三章簡本七句、《毛詩》八句。

【嚴格隸定】

君子皆壽，[一]不开六加。[二]蠆＝它＝，[三]女山女河，象備是宜。[四]〔子之不【八十七】淑，云〕女之可？[五]

砒亓易也。[六]軫頗女云，[七]不屑俴也。[八]玉傿象啻也，[九]昜叝此也。[十]古肰天也。[十一]

〔瑳亓塵也，蒙【八十八】〕皮璷祇，[十二]是埶樂也。[十三]子之青昜＝，[十四]叝庖也。[十五]塵女人也，[十六]邦之詹可。[十七]

【寬式釋文】

君子偕壽，副笄六珈。逶迤逶迤，如山如河，象服是宜。〔子之不【八十七】淑，云〕如之何？

玼其翟也。髶髮如雲，不屑髢也。玉瑱象揥也，揚且晳也。胡然天也。

〔瑳其展也，蒙【八十八】〕彼縐絺，是襝樂也。子之清揚，揚且顏也。展如人也，邦之媛兮。

注釋：

〔一〕 君子皆壽："君子"，詩中指衛宣公。"皆"，讀爲"偕"。"壽"，
　　　 老。"偕壽"，相當於白頭偕老之意。

〔二〕 柸开六加："柸"，讀爲"副"，古代女子的一種首飾。"开"，
　　　 "笄"的古字，簪子。"加"，讀爲"珈"。"六珈"，玉製笄飾，垂
　　　 珠六顆，故名。

〔三〕 蝸＝它＝："蝸"，讀爲"逶"。"它"，讀爲"迤"。"逶迤"，聯綿
　　　 詞，行走的樣子。

〔四〕 象備是宜："備"，讀爲"服"。"象服"，古代尊者的禮服，上有
　　　 日月星辰紋飾。"宜"，合宜，衣服合身。

〔五〕 〔子之不淑，云〕女之可：簡本殘缺"子之不淑云"五字。"子"，
　　　 詩中指衛宣公夫人宣姜。"淑"，善良，賢德。"云"，句首發語詞。
　　　 "女"，讀爲"如"。"可"，讀爲"何"。"如之何"，相當於"奈何"。

〔六〕 砒亓易也："砒"，"玼"的異體，衣裝鮮盛的樣子。"易"，讀爲
　　　 "翟"，羽飾的禮服，古人所謂"褕翟""闕翟"之類，即前文所
　　　 言"象服"。

〔七〕 鬒頯女云："鬒"，讀爲"參"，"參"爲"鬒"的本字，頭髮黑長而
　　　 濃密。"頯"，"髮"的古文。"女"，讀爲"如"。"云"，讀爲"雲"。
　　　 句言頭髮黑長濃密、亮澤如雲。

〔八〕 不屑倌也："屑"，讀爲"屑"。"倌"，讀爲"髢"，假髮。

〔九〕 玉僋象奋也："僋"，"瑱"的異體，古代玉製耳塞。"奋"，讀爲
　　　 "搯"，古代的一種首飾，可用來搔頭。

〔十〕 易戲此也："易"，讀爲"揚"，眉額寬廣。"此"，讀爲"晢"，白
　　　 淨。"戲"，讀爲"且"。

〔十一〕古肰天也："古"，讀爲"胡"，何，怎麼。"肰"，讀爲"然"，這

樣。形容衛宣公夫人美若天仙。

〔十二〕〔瑳亏麈也，蒙〕皮瀚衹：簡本殘缺“瑳亏麈也蒙”五字。“瀚”，
　　　　讀爲“綯”。“衹”，讀爲“綌”。二者皆爲細葛布。

〔十三〕是執樂也：“執”，讀爲“褻”。“樂”，疑原爲“欒”字，因形近而
　　　　相訛，“欒”讀爲“袢”。“褻袢”，古人夏天穿的白色内衣。

〔十四〕子之青昜：“青”，讀爲“清”，眼神清秀。“昜”，讀爲“揚”，眉
　　　　宇寬廣，神采揚逸。

〔十五〕昜戲庬也：“庬”，楚文字“顔”，額，引申爲面容、臉色。

〔十六〕麈女人也：“麈”，讀爲“展”，誠，確實，的確。

〔十七〕邦之詹可：“詹”，“諺”字古文，讀爲“媛”，美女。

附録：

《毛詩·鄘風·君子偕老》

　　君子偕老，副笄六珈。委委佗佗，如山如河，象服是宜。子之不
淑，云如之何？

　　玼兮玼兮，其之翟也。鬒髮如雲，不屑髢也；玉之瑱也，象之揥
也，揚且之皙也。胡然而天也？胡然而帝也？

　　瑳兮瑳兮，其之展也。蒙彼縐絺，是紲袢也。子之清揚，揚且之
顔也。展如之人兮，邦之媛也！

桑 中

簡本《桑中》三章，章七句，與《毛詩》同。

【嚴格隸定】

爰采蕩可，〔一〕謹之瓔可。〔二〕員隹之思？〔三〕頡盉【八十九】湯可。〔四〕契我喪审，〔五〕遷我上宮，〔六〕遣我沂之上可。〔七〕

爰采襲可，〔八〕蓳之北可。〔九〕員隹之思？頡盉妖可。〔十〕契我喪【九十】〔审，遷〕我上宮，〔十一〕遣我沂之上可。

爰采奉可，〔十二〕蓳之東可。員隹之思？娀盉媚可。〔十三〕契我喪审，遷我上宮，遣【九十一】我沂之上可。

【寬式釋文】

爰采唐兮，沬之鄉兮。云誰之思？美孟【八十九】姜兮。期我桑中，邀我上宮，遺我淇之上兮。

爰采麥兮，沬之北兮。云誰之思？美孟弋兮。期我桑【九十】〔中，邀〕我上宮，遺我淇之上兮。

爰采葑兮，沬之東兮。云誰之思？美孟庸兮。期我桑中，邀我上宮，遺【九十一】我淇之上兮。

注釋:

〔一〕 爰采蕩可："爰"，於，在哪裏。"蕩"，讀爲"唐"，植物名，即女蘿，又名松蘿、王女、菟絲子。一説當讀爲"棠"，梨的一種。

〔二〕 譚之鄉可："譚"，讀爲"沫"，春秋時期衛國邑名，在衛都（舊商都）朝歌南，在今河南省淇縣南。"鄉"，"鄉"之異體，郊外。

〔三〕 員佳之思："員"，讀爲"云"，句首語助詞。"佳"，讀爲"誰"。"誰之思"，賓語前置，思念誰。

〔四〕 頮盈湯可："頮"，楚文字"美"字異體。"盈"，"孟"之異體，排行老大。"湯"，讀爲"姜"，女子姓。

〔五〕 㠱我喪宷："㠱"，"旗"之異體，讀爲"期"。"喪宷"，讀爲"桑中"，衛國地名，亦名桑間，在今河南省滑縣東北。一説指桑樹林中。

〔六〕 遝我上宫："遝"，"邀"之古文，邀約。"上宫"，指宫室、居所，一説爲地名。

〔七〕 遺我沂之上可："遺"，贈予，贈送。"沂"，"淇"之異體，河流名，今淇河，流經山西省陵川縣、壺關縣，河南省輝縣市、林州市、鶴壁市淇濱區、淇縣、浚縣等地。

〔八〕 爰采藜可："藜"，"麥"之繁體。

〔九〕 葷之北可："葷"，"譚"之異體，亦讀爲"沫"。

〔十〕 娏盈妏可："妏"，讀爲"弋"，女子姓，古代姓氏用字多加"女"旁。後文"媐"同理。

〔十一〕㠱我喪〔宷，遝〕我上宫：簡本殘缺"宷遝"二字。

〔十二〕爰采莑可："莑"，讀爲"葑"，植物名，即蕪菁、蔓菁。

〔十三〕娏盈媐可："娏"，"美"字異體。"媐"，讀爲"嬀"，進而可讀爲"庸"，女子姓。

附錄：

《毛詩·鄘風·桑中》

爰采唐矣？沬之鄉矣。云誰之思？美孟姜矣。期我乎桑中，要我乎上宮，送我乎淇之上矣。

爰采麥矣？沬之北矣。云誰之思？美孟弋矣。期我乎桑中，要我乎上宮，送我乎淇之上矣。

爰采葑矣？沬之東矣。云誰之思？美孟庸矣。期我乎桑中，要我乎上宮，送我乎淇之上矣。

鶉之奔奔

簡本《鶉之奔奔》二章，章四句，與《毛詩》同。

【嚴格隸定】

鶉之奔=，〔一〕鵲之競=。〔二〕人之亡良，〔三〕義吕爲𪓰。〔四〕

鵲之競=，鶉之奔=。人之亡良，義吕爲君。

【寬式釋文】

鶉之奔奔，鵲之競競。人之無良，我以爲兄。

鵲之競競，鶉之奔奔。人之無良，我以爲君。

注釋：

〔一〕 鶉之奔=："鶉"，鳥名，即鵪鶉。"奔="，讀爲"奔奔"，亦作
　　　 "賁賁"。居有常匹，飛則相隨貌。還有爭鬥惡貌、色不純貌
　　　 等解釋。

〔二〕 鵲之競=："競="，讀爲"彊彊"，亦作"姜姜"，意同"奔
　　　 奔"。

〔三〕 人之亡良："亡良"，讀爲"無良"，不善，無德。

〔四〕 義吕爲𪓰："義"，讀爲"我"。"吕"，即"以"。"𪓰"，古文字"兄"
　　　 加"㞷"（"往"字初文）聲。

附録：

《毛詩‧鄘風‧鶉之奔奔》

鶉之奔奔，鵲之彊彊。人之無良，我以爲兄。

鵲之彊彊，鶉之奔奔。人之無良，我以爲君。

定之方中

　　簡本《定之方中》存二章，章七句，缺失一章。《毛詩》三章，章七句。簡本第二章爲《毛詩》第三章，簡本第三章爲《毛詩》第二章。

【嚴格隸定】

　　丁之方审，[一]隻【九十二】爲疋宫。[二]癸〔之目〕日，[三]隻爲疋室。[四]桓之秦栗，[五]柯桐秄柒，[六]爰伐琴瑟。

　　……〔【九十三】〕☐ 竧疋與堂，[七]羕山與京，[八]降觀于喪。[九]卜員既吉，[十]宎然【九十四】〔允臧〕。[十一]

【寬式釋文】

　　定之方中，作【九十二】爲楚宫。揆〔之以〕日，作爲楚室。樹之榛栗，椅桐梓漆，爰伐琴瑟。

　　……〔【九十三】〕☐ 望楚與堂，景山與京，降觀于桑。卜云既吉，終然【九十四】〔允臧〕。

注釋：

〔一〕　丁之方审：“丁”，讀爲“定”，定星，又名營室星。“方审”，讀爲“方中”。此句指營室星十月之交昏中而正，古人認爲宜定方位、造宫室。

〔二〕 叟爲疋宫："叟"，讀爲"作"。"疋"，讀爲"楚"，即楚丘，地名，在今河南省滑縣東、濮陽市西。"宫"，宗廟。

〔三〕 癸〔之目〕日："癸"，讀爲"揆"，測度。簡本殘缺"之目"二字。"日"，日影。此句指古人度量日影測定方向。

〔四〕 叟爲疋室："疋"，楚文字"疏"，讀爲"楚"。"室"，居室。

〔五〕 桓之秦栗："桓"，讀爲"樹"，種植。"秦"，讀爲"榛"。

〔六〕 柯桐杍桼："柯"，讀爲"椅"，山桐子。"杍"，讀爲"梓"。"桼"，讀爲"漆"。榛、栗、椅、桐、梓、漆，均爲樹名。

〔七〕 瘴疋與堂："瘴"，楚文字"望"。"堂"，堂邑，楚丘旁之城邑。

〔八〕 羕山與京："羕"，讀爲"景"。"景山"，大山。"京"，高丘。

〔九〕 降觀于喪："降"，簡文字迹殘溯不全，大體可確定是"降"字。

〔十〕 卜員既吉："員"，讀爲"云"。此句意即占卜顯示很吉利。

〔十一〕宖然〔允臧〕："宖"，"終"之古文。"終然"，終竟。簡本殘缺"允臧"二字。

附録：

《毛詩·鄘風·定之方中》

定之方中，作于楚宫。揆之以日，作于楚室。樹之榛栗，椅桐梓漆，爰伐琴瑟。

升彼虛矣，以望楚矣。望楚與堂，景山與京。降觀于桑。卜云其吉，終然允臧。

靈雨既零，命彼倌人。星言夙駕，說于桑田。匪直也人，秉心塞淵。騋牝三千。

干旄

簡本《干旄》存二章，章六句，缺失一章，章序與《毛詩》同。

【嚴格隸定】

〔孜=竿〕鼪，[一]才孫之都。[二]索絲組之，良馬五之。皮姝者子，可㠯舍之。[三]

孜=竿胥，[四]才孫之城。索絲縷〔之，良馬六之。[五]〕皮【九十八】姝者子，可㠯告之。

【寬式釋文】

〔子子干〕旟，在浚之都。素絲組之，良馬五之。彼姝者子，何以予之。

子子干旄，在浚之城。素絲祝〔之，良馬六之。〕彼【九十八】姝者子，何以告之。

注釋：

〔一〕〔孜=竿〕鼪：簡本殘缺“孜=竿”。“鼪”，讀爲“旟”，繪有鷹隼紋飾的旗幟。

〔二〕才孫之都：“才”，讀爲“在”。“孫”，讀爲“浚”，古代衛國城邑，在今河南省濮陽市浚縣。“都”，古時地方都邑。

〔三〕可㠯舍之：“可”，讀爲“何”。“舍”，讀爲“予”。

〔四〕　旐=竿旞："旐="，讀爲"子子"，旗幟高舉的樣子。"竿"，旗杆。"旞"，"旌"之異體。古代的一種旗，竿頭挂牦牛尾，下飾五彩鳥羽。

〔五〕　素絲繉〔之，良馬六之〕："繉"，讀爲"祝"，絲綫聯屬。簡本殘缺"之良馬六之"五字。

附録：

《毛詩・鄘風・干旄》

子子干旄，在浚之郊。素絲紕之，良馬四之。彼姝者子，何以畀之？

子子干旟，在浚之都。素絲組之，良馬五之。彼姝者子，何以予之？

子子干旌，在浚之城。素絲祝之，良馬六之。彼姝者子，何以告之？

篇末文字

【嚴格隸定】

甬九。〔一〕　白舟【九十九】。〔二〕

【寬式釋文】

鄘九。　柏舟【九十九】。

注釋：

〔一〕 甬九："甬"，讀爲"鄘"，周代諸侯國名，在今河南省汲縣北。"九"，指簡本該國風有九篇詩，現存七篇，缺《蝃蝀》《相鼠》兩篇。據每簡所容字數推知，簡本《鄘》九篇應不包括《毛詩》最後一篇《載馳》。

〔二〕 白舟："白"，讀爲"柏"。標明《鄘風》是以"柏舟"爲首篇的。

魏　風

《魏》共十八支簡，基本完整，每簡三十五字左右。編號自“百”至“百十七”，第“百十七”號簡末有“魏九　葛屨”四字。“魏九　葛屨”，指《魏》共九篇（實有十篇），以《葛屨》居首。《魏》詩十篇依次爲：《葛屨》《蟋蟀》《揚之水》《山有樞》《椒聊》《綢繆》《有杕之杜》《羔裘》《無衣》《鴇羽》。除首篇《葛屨》屬《毛詩·魏風》外，其餘九篇皆爲《毛詩·唐風》内容（無《杕杜》《葛生》《采苓》三篇），各篇次序與《唐風》略有出入。簡文篇數與“百十七號”簡所標識的“魏九”不合，各篇之間也没有合併的可能性。

葛 屨

簡本《葛屨》二章，章六句。《毛詩》二章，第一章六句，第
二章五句。

【嚴格隸定】

趫=葛縷，〔一〕可㠯履霜。擊=女手，〔二〕可㠯表常。〔三〕要之龁
之，〔四〕好人備之。〔五〕

好人定=，〔六〕頸肰左頩。〔七〕備丌象篗，〔八〕〔可〕㠯自【百】壺。〔九〕
隹此衺心，〔十〕是㠯爲訕。〔十一〕

【寬式釋文】

趫趫葛屨，可以履霜。摻摻女手，可以縫裳。要之褋之，好
人服之。

好人定定，頸然左頩。佩其象掭，〔可〕以自【百】適。維此褊
心，是以爲刺。

注釋：

〔一〕 趫=葛縷：“趫”，《說文》走部：“趫，行輕皃。一曰：舉足也。
　　　從走，堯聲。”“縷”，讀爲“屨”。

〔二〕 擊=女手：“擊”，“摻”之異體。

〔三〕 可㠯表常：“表”，“縫”之異體。“常”，“裳”之異體。

〔四〕　要之襋之：“襋”，讀爲“襋”。《毛傳》：“要，褾也。襋，領也。”

〔五〕　好人備之：“備”，讀爲“服”。

〔六〕　好人定＝：“定＝（定定）”，《説文》宀部：“定，安也。”重言則爲“定定”。

〔七〕　顉肰左頿：“顉”，“俛”之異體。“肰”，讀爲“然”。“頿”，“倪”之異體，《説文》人部：“倪，俾也。从人，兒聲。”此句言新婦恭敬小心之貌。

〔八〕　備丌象箟：“備”，讀爲“佩”。“箟”，讀爲“掃”。《毛傳》：“掃，所以爲飾。”

〔九〕　〔可〕目自㝱：簡文三字，句首可據上章“可以履霜”“可以縫裳”補“可”字。“㝱”，“適”之異體。“自適”，悠閒自樂貌。《莊子·駢拇》：“夫適人之適，而不自適其適，雖盜蹠與伯夷，是同爲淫僻也。”

〔十〕　隹此褏心：“此”，《三國志·何夔傳》注引《詩》與簡文同。《廣雅·釋言》：“是，此也。”“褏”，“褊”之異體。

〔十一〕是目爲訿：《説文》言部：“訾（訿），不思稱意也。”“訿”即“諷刺”之“刺”的本字。

附錄：

《毛詩·魏風·葛屨》

糾糾葛屨，可以履霜。摻摻女手，可以縫裳。要之襋之，好人服之。

好人提提，宛然左辟。佩其象掃，□□□□。維是褊心，是以爲刺。

蟋 蟀

簡本《蟋蟀》三章，章八句，與《毛詩》同。簡本第一章爲《毛詩》第二章，第二章爲《毛詩》第一章。

【嚴格隸定】

蟁螜才堂，〔一〕戠喬亓逝。〔二〕今者不樂，〔三〕日月亓蠤。〔四〕毋已內廉，〔五〕猷思亓外。〔六〕好【百一】樂毋無，〔七〕良士戠＝。〔八〕

蟁螜才堂，戠喬亓蓦。〔九〕今者不樂，日月亓鉊。〔十〕毋已大廉，猷思亓膿。〔十一〕好樂毋無，良士【百二】膿＝。〔十二〕

蟁螜才堂，跫車亓休。〔十三〕今者不樂，日月亓滔。〔十四〕毋已大廉，猷思亓惥。〔十五〕好樂毋無，良士浮＝。〔十六〕

【寬式釋文】

蟋蟀在堂，歲遹其逝。今者不樂，日月其邁。毋已內康，猶思其外。好【百一】樂毋荒，良士蹶蹶。

蟋蟀在堂，歲遹其暮。今者不樂，日月其除。毋已大康，猶思其懼。好樂毋荒，良士【百二】瞿瞿。

蟋蟀在堂，役車其休。今者不樂，日月其蹈。毋已大康，猶思其憂。好樂毋荒，良士浮浮。

注釋：

〔一〕 螽螽才堂：“螽”，“蟋”之異體。“螽”，“蟀”之異體。

〔二〕 戠喬亓邍：“喬”，讀爲“遻”，語氣助詞。

〔三〕 今者不樂：“者”，用在時間詞之後，表示“……的時候”。

〔四〕 日月亓蠆：“蠆”，雙聲符字，讀爲“邁”。

〔五〕 毋已内穅：“毋”，阜陽漢簡與簡本同。“内”，與下句“外”對言，於義爲勝。“内”也有可能是“大”的形近訛字。“穅”，《説文》認爲乃“穅”之省體，與“康”實爲一字分化。

〔六〕 猷思亓外：“猷”，與“猶”一字分化。“猶”，尚也。

〔七〕 好樂毋無：“無”，讀爲“荒”。

〔八〕 良士戠₌：“歲”，讀爲“蹶”。《毛傳》：“蹶蹶，動而敏於事。”

〔九〕 戠喬亓蓦：“蓦”，楚文字表示日暮之“暮”的專字。

〔十〕 日月亓釤：“釤”，疑與📷（《包山》125）爲一字。“釤”，讀爲“除”。

〔十一〕猷思亓臚：“臚”，“懼”之異體。《説文》心部：“懼，恐也。”《鄭箋》解釋此句云：“又當主思於所居之事。”《毛詩》作“職思其居”，不如簡文作“懼”文從字順。

〔十二〕良士臚₌：“臚”，或直接隸定爲“矍”。《毛傳》：“瞿瞿然顧禮義也。”

〔十三〕垈車亓休：“垈”，即“役”字。

〔十四〕日月亓滔：“滔”，似當讀爲“蹈”，《廣雅・釋詁》：“蹈，行也。”

〔十五〕猷思亓惥：“惥”，讀爲“憂”，《説文》心部：“惥，愁也。”

〔十六〕良士浮₌：“浮₌（浮浮）”，《楚辭・九章・抽思》：“悲秋風之動容兮，何回極之浮浮。”王逸注：“浮浮，行貌。”

附録：

《毛詩·唐風·蟋蟀》

蟋蟀在堂，歲聿其莫。今我不樂，日月其除。無已大康，職思其居。好樂無荒，良士瞿瞿。

蟋蟀在堂，歲聿其逝。今我不樂，日月其邁。無已大康，職思其外。好樂無荒，良士蹶蹶。

蟋蟀在堂，役車其休。今我不樂，日月其慆。無已大康，職思其憂。好樂無荒，良士休休。

揚之水

簡本《揚之水》三章，章六句。《毛詩》三章，第一、二章，章六句，第三章四句。

【嚴格隸定】

易之【百三】水，白石齰齰。〔一〕索衣絑裳，〔二〕從子于沃。既見君子，員可不樂？〔三〕

易之水，〔四〕白石昊昊。〔五〕索衣朱及，〔六〕從子于湨。〔七〕既見【百四】君子，員可亓慐？

易之水，白石鋪鋪。〔八〕我韻又命，〔九〕不可目告人。女目告人，〔十〕害于窮身。〔十一〕

【寬式釋文】

揚之【百三】水，白石鑿鑿。素衣朱襮，從子于沃。既見君子，云何不樂？

揚之水，白石晧晧。素衣朱裾，從子于湨。既見【百四】君子，云何其憂？

揚之水，白石粼粼。我聞有命，不可以告人。如以告人，害于躬身。

注釋：

〔一〕 白石齰齰：“齰”，即鑿字。《毛傳》：“鑿鑿然鮮明皃。”

〔二〕 索衣絑襄：“索”，讀爲“素”。“絑”，讀爲“朱”。“襄”，即“襮”字。《説文》衣部：“襮，黼領也。从衣，暴聲。《詩》曰：‘素衣朱襮。’”

〔三〕 員可不樂：“員”，讀爲“云”。

〔四〕 易之水：“易”，洪适《隸釋》載漢石經《魯詩》殘碑作“楊”，《太平御覽》引《詩》亦作“楊”。

〔五〕 白石昊昊：“昊”，讀爲“晧”。《説文》日部：“晧，日出皃。从日，告聲。”《毛傳》：“晧晧，潔白也。”後世或改作“皓皓”。

〔六〕 索衣朱彶：“彶”，疑當讀爲“裾”。《爾雅·釋器》：“衼謂之裾。”郭璞注：“衣後襟也。”

〔七〕 從子于渼：“渼”，《集韻·晧韻》：“清皃。”據簡文，“渼”當是“沃”附近之水名。

〔八〕 白石鈴鈴：“鈴”，“鈴”之繁文。“鈴鈴（鈴鈴）”，讀爲“粼粼”，《毛傳》：“粼粼，清澈也。”

〔九〕 我酮又命：“酮”，即《説文》“聞”字古文。

〔十〕 女昌告人：“女”，讀爲“如”。

〔十一〕害于窮身：《荀子·臣道》引《詩》作“妨其躬身”。上文言“不可昌（以）告人”，此二句則言告人之危害，爲假設之辭。“窮”，讀爲“躬”。《説文》身部：“躳，身也。躬，躳或从弓。”“躬”“身”同義複詞連用，《國語·越語下》：“王若行之，將妨於國家，靡王躬身。”

附錄：

《毛詩・唐風・揚之水》

揚之水，白石鑿鑿。素衣朱襮，從子于沃。既見君子，云何不樂？
揚之水，白石皓皓。素衣朱繡，從子于鵠。既見君子，云何其憂？
揚之水，白石粼粼。我聞有命，不敢以告人。□□□□，□□□□。

山有樞

　　簡本《山有樞》三章，章八句，與《毛詩》同。首章内詩句次序稍有變化。

【嚴格隸定】

　　山又枸，〔一〕淫又俞【百五】。〔二〕子又車馬，弗駝弗驅。〔三〕子又衣常，弗歔弗迿。〔四〕𡙳亓死〔也〕，〔五〕佗人昌愈。〔六〕

　　山又楢，〔七〕淫又遁。〔八〕子又廷内，弗洒〔弗〕帚【百六】。〔九〕〔子有鐘鼓〕，弗鼓弗丂。〔十〕𡙳亓死也，佗人是保。

　　山又刹，〔十一〕淫又桌。〔十二〕子又酉飲，〔十三〕盍日鼓瑟？〔十四〕馭昌訶樂，〔十五〕馭【百七】〔以永日〕。〔十六〕𡙳亓死也，佗人内室。〔十七〕

【寬式釋文】

　　山有樞，隰有榆【百五】。子有車馬，弗馳弗驅。子有衣裳，弗曳弗婁。宛其死〔也〕，他人以愉。

　　山有栲，隰有杻。子有廷内，弗洒〔弗〕埽【百六】。〔子有鐘鼓〕，弗鼓弗考。宛其死也，他人是保。

　　山有榔，隰有栗。子有酒食，盍日鼓瑟？且以歌樂，且【百七】〔以永日〕。宛其死也，他人入室。

注釋:

〔一〕 山又枸:"枸",讀爲"樞"。《毛傳》:"樞,荎。"刺榆之名。

〔二〕 溼又俞:"溼",讀爲"隰"。

〔三〕 弗駝弗驅:"駝",即"馳"字。

〔四〕 弗敭弗迥:"敭"即"散",讀爲"曳"。"迥",讀爲"婁"。《毛傳》:"婁亦曳也。"

〔五〕 蠅亓死:"蠅",在楚簡中多用作"宛"。《毛傳》:"宛,死貌。""死"後據下章可補"也"字。

〔六〕 佗人目愈:《説文》無"他"字,典籍以"佗"爲"他"。"目(以)",《廣雅・釋詁》:"用也。""愈","愉"字異體。

〔七〕 山又楛:"楛",讀爲"栲"。

〔八〕 溼又遁:"遁",讀爲"杻"。

〔九〕 弗洒埽:根據前後章辭例,簡文"洒"後可補"弗"字。"埽",讀爲"埽"。

〔十〕 弗鼓弗丂:此句上缺四字,可據《毛詩》補"子有鐘鼓"。"丂",讀爲"考"。

〔十一〕山又劄:"劄",讀爲"槲"。《説文》木部:"槲,木可爲杖。"徐鍇云:"今槲栗之屬。"

〔十二〕溼又纍:"纍",《説文》"栗"之古文。

〔十三〕子又酉飤:"酉飤",讀爲"酒食"。

〔十四〕盍日鼓瑟:"盍",即"盍"字。《左傳》成公六年:"或謂欒武子曰:'聖人與衆同欲,是以濟事。子盍從衆?'"杜預注:"盍,何不也。"

〔十五〕戲目訶樂:"訶",楚文字多用爲"歌樂"之"歌"。

〔十六〕戲〔以永日〕:簡本所缺,《毛詩》作"以永日",可據補。

〔十七〕佗人内室：“内”，與“入”一字分化，楚文字多用“内”表示“入”。

附録：

《毛詩·唐風·山有樞》

山有樞，隰有榆。子有衣裳，弗曳弗婁。子有車馬，弗馳弗驅。宛其死矣，他人是愉。

山有栲，隰有杻。子有廷内，弗洒弗埽。子有鐘鼓，弗鼓弗考。宛其死矣，他人是保。

山有漆，隰有栗。子有酒食，何不日鼓瑟？且以喜樂，且以永日。宛其死矣，他人入室。

椒　聊

簡本《椒聊》二章，章六句，與《毛詩》同。

【嚴格隸定】

栽樛之實，〔一〕坌遝溫攣。〔二〕皮㠯之子，〔三〕碩大無塱。〔四〕栽樛
叡，遠飱叡。〔五〕

栽【百八】樛之實，坌遝溫擇。〔六〕皮㠯之子，碩大叡翟。〔七〕栽
樛叡，遠飱叡。

【寬式釋文】

椒樛之實，蕃衍盈攣。彼其之子，碩大無朋。椒樛且，遠
條且。

椒【百八】樛之實，蕃衍盈匊。彼其之子，碩大且篤。椒樛
且，遠條且。

注釋：

〔一〕　栽樛之實：“栽”，疑即“椒”之異體。“樛”，《毛詩・周南・樛
木》“南有樛木”，《釋文》：“木下句曰樛。馬融、《韓詩》本並作
朻，音同。”

〔二〕　坌遝溫攣：“坌”，讀爲“蕃”。“遝”，讀爲“衍”。“攣”，可能表
示“在手”之義。

〔三〕 皮仉之子：“仉”，讀爲“其”。

〔四〕 碩大無塱：“塱”，讀爲“朋”。

〔五〕 遠餐戲：“餐”，從“長”，“攸”聲，或即表示修長之“修”的專字。“戲”，讀爲“且”，語氣詞。

〔六〕 坴遏溋逪：“逪”，即古“掬”字。《説文》勹部：“匊，在手曰匊。”徐鉉認爲“掬”乃“匊”之俗字。

〔七〕 碩大戲挈：“挈”，讀爲“篤”。《毛傳》：“篤，厚也。”

附録：

《毛詩·唐風·椒聊》

椒聊之實，蕃衍盈升。彼其之子，碩大無朋。椒聊且，遠條且。
椒聊之實，蕃衍盈匊。彼其之子，碩大且篤。椒聊且，遠條且。

綢　繆

簡本《綢繆》三章，第一、二章，章六句，第三章，章四句。《毛詩》三章，章六句。簡本第二章爲《毛詩》第三章，第三章爲《毛詩》第二章。

【嚴格隸定】

累穆欵新，〔一〕晶曐才天。〔二〕今夕【百九】可夕，見此良人？子=可=，女此良人可？

累穆欵楚，晶曐才戶。今夕可夕，見此盉者？〔三〕子=可=，女此盉【百十】〔者可〕？

〔累〕穆欵芻，晶曐才壆。〔四〕今夕可夕，見此那矦？〔五〕〔□□□□，□□□□□〕？〔六〕

【寬式釋文】

綢繆束薪，三星在天。今夕【百九】何夕，見此良人？子兮子兮，如此良人何？

綢繆束楚，三星在戶。今夕何夕，見此粲者？子兮子兮，如此粲【百十】〔者何〕？

〔綢〕繆束芻，三星在隅。今夕何夕，見此邢侯？〔□□□□，□□□□□〕？

注釋：

〔一〕 纍穆欶新：“纍”，“祠”之異體，讀爲“綢”。“穆”，讀爲“繆”。《毛傳》：“綢繆，猶纏緜也。”“欶”，讀爲“束”。“新”，即“薪”之初文。

〔二〕 晶曡才天：簡文“晶”寫作“厽”，“參”之省形。“曡”，《説文》晶部：“星，曡或省。”

〔三〕 見此盞者：“盞”，讀爲“粲”。《毛傳》：“三女爲粲，大夫一妻二妾。”《廣韻》引《毛詩》作“姕”。《説文》女部：“奻，三女爲奻。奻美也。”

〔四〕 晶曡才壜：“壜”，“堬”之異體，讀爲“隅”。

〔五〕 見此郱矦：“郱”，即“邢”之繁體。“邢侯”，亦見於《毛詩·衛風·碩人》，《釋文》：“邢音形，姬姓國。”文獻中另有芈姓“邢侯”，《左傳》昭公十四年：“晉邢侯與雍子爭邑田。”杜預注：“邢侯，（申公）巫臣之子也。”時代較晚，當與《綢繆》無關。

〔六〕 依照前面二章，後當有“子兮子兮，如此邢侯何？”

附録：

《毛詩·唐風·綢繆》

綢繆束薪，三星在天。今夕何夕，見此良人？子兮子兮，如此良人何？

綢繆束芻，三星在隅。今夕何夕，見此邂逅？子兮子兮，如此邂逅何？

綢繆束楚，三星在戶。今夕何夕，見此粲者？子兮子兮，如此粲者何？

有杕之杜

簡本《有杕之杜》二章，章六句，與《毛詩》同。

【嚴格隸定】

又蔽者芏，[一]生於道左。皮君子=，[二]邀肎適我？[三]审心
【百十一】惪之，[四]可㠯酓飤之。[五]

又蔽者芏，生於道州。[六]皮君子=，邀肎坔遊？审心惪之，
可㠯酓飤之。

【寬式釋文】

有杕者杜，生於道左。彼君子兮，噬肯適我？中心【百十一】
喜之，可以飲食之。

有杕者杜，生於道周。彼君子兮，噬肯來遊？中心喜之，可
以飲食之。

注釋：

〔一〕 又蔽者芏："蔽"，讀爲"杕"。《毛傳》："杕，特生貌。""者"，
結構助詞。"芏"，讀爲"杜"。

〔二〕 皮君子="子="，即"子子"，《儀禮·喪服》傳曰："君子子
者，貴人之子也。"疑簡文本當作"子可（兮）"，或因抄寫時受
到前文《綢繆》"子=可=（子兮子兮）"影響而誤。

〔三〕 邁胃逆我："邁"，楚文字多用爲"逝"。"逆"，"適"之異體。

〔四〕 审心憙之："憙"，"喜"之異體。

〔五〕 可㠯酓飤之："酓"，"歙"之省形。《説文》欠部："歙，歠也。从欠，酓聲。""酓飤"，即"飲食"。

〔六〕 生於道州："州"，讀爲"周"。

附録：

《毛詩·唐風·有杕之杜》

有杕之杜，生于道左。彼君子兮，噬肯適我？中心好之，曷飲食之？

有杕之杜，生于道周。彼君子兮，噬肯來遊？中心好之，曷飲食之？

羔裘

簡本《羔裘》二章，章四句，與《毛詩》同。

【嚴格隸定】

羔裘豹表【百十二】，〔一〕自虘人居=。〔二〕敼亡異人？〔三〕佳子
之古。

羔裘豹鼬，〔四〕自虘人夆=。〔五〕敼亡異人？〔維子之好〕。〔六〕

【寬式釋文】

羔裘豹袪【百十二】，自吾人居居。豈無異人？維子之故。
羔裘豹褎，自吾人究究。豈無異人？〔維子之好〕。

注釋：

〔一〕 羔裘豹表："豹"，"豹"之異體。"表"，"袪"之異體。《毛傳》：
    "袪，袂也。"

〔二〕 自虘人居=："虘"，"虎"之分化字。楚文字多用"虘"表示
    "吾"。《説文》口部："吾，我自稱也。"

〔三〕 敼亡異人："敼"，讀爲"豈"。"亡"，讀爲"無"。"異人"，《毛詩·
    小雅·頍弁》："豈伊異人，兄弟匪他。""異人"即"他人"。

〔四〕 羔裘豹鼬："鼬"，讀爲"褎"。《説文》衣部："褎，袂也。从衣，
    采聲。袖，俗褎从由。"

〔五〕 自虐人羍₌："羍"，"梏"之初文，讀爲"究"。《毛傳》："究究，
　　　 猶居居也。"

〔六〕 據《毛詩》可補 "維子之好"。

附録：

《毛詩・唐風・羔裘》

　　　羔裘豹袪，自我人居居。豈無他人？維子之故。
　　　羔裘豹褎，自我人究究。豈無他人？維子之好。

無　衣

簡本《無衣》二章，章三句，與《毛詩》同。

【嚴格隸定】

〔剴曰亡衣？七也。不【百十三】女子之衣，〔一〕安戲吉也。

剴曰亡衣？〔二〕六也。〔三〕不女子之衣，安戲褒也。〔四〕

【寬式釋文】

〔豈曰無衣？七也。不【百十三】如子之衣，安且吉也。

豈曰無衣？六也。不如子之衣，安且燠也。

注釋：

〔一〕　女子之衣：簡文殘闕，可補“豈曰無衣？七也。不”七字。
　　　“女”，讀爲“如”。

〔二〕　剴曰亡衣：“剴”，讀爲“豈”。

〔三〕　六也：“也”，《毛詩》作“兮”，故可連上爲疑問句。

〔四〕　安戲褒也：“褒”，疑“襖”之異體，《説文》衣部：“襖，裘屬。
　　　从衣，奥聲。”“襖”，讀爲“燠”。

附録：

《毛詩·唐風·無衣》

豈曰無衣七兮？不如子之衣，安且吉兮。
豈曰無衣六兮？不如子之衣，安且燠兮。

鴇 羽

簡本《鴇羽》三章，章七句，與《毛詩》同。簡本第二章爲《毛詩》第三章，第三章爲《毛詩》第二章。

【嚴格隸定】

蕭=[一]〔鴇羽，集于苞栩。王事林〕【百十四】古，[二]不能執稷番，[三]父母可古？[四]滔=倉天，[五]疐隹又所？[六]

蕭=驫麤，[七]集于橐喪。[八]王事林古，不能執稻〔粱【百十五】〕，父母可嘗？滔=倉天，疐隹又裳？[九]

蕭=橐翼，[十]集于橐朸。[十一]王事林古，不能執稷番，[十二]父母可飤？滔=倉天【百十六】，〔疐〕隹又亙？[十三]

【寬式釋文】

蕭蕭〔鴇羽，集于苞栩。王事靡〕【百十四】古，不能蓻稷黍，父母何怙？悠悠蒼天，曷惟有所？

蕭蕭鴇行，集于苞桑。王事靡古，不能蓻稻〔粱【百十五】〕，父母何嘗？悠悠蒼天，曷惟有常？

蕭蕭鴇翼，集于苞棘。王事靡古，不能蓻稷黍，父母何食？悠悠蒼天【百十六】，〔曷〕惟有亟？

注釋：

〔一〕 肅＝："肅＝"後缺六字，可據《毛詩》"肅肅鴇羽，集于苞栩"補。《毛傳》："肅肅，鴇羽聲也。"

〔二〕 古：據下章，"古"上可補"王事林（靡）"。"古"，王引之《經義述聞》以爲當讀如《爾雅》"苦，息也"之"苦"。

〔三〕 不能執稷番："執"，《説文》丮部："種也。""番"，即"黍"字。

〔四〕 父母可古："古"，讀爲"怙"。《毛傳》："怙，恃也。"

〔五〕 滔＝倉天："滔＝（滔滔）"，讀爲"悠悠"。"倉"，讀爲"蒼"。

〔六〕 曷佳又所："曷"，讀爲"曷"。"佳"，讀爲"惟"。《廣雅·釋詁》："惟、其，詞也。"

〔七〕 肅＝驤燥："驤"，從"鳥"，"囊"聲，"鴇"之異體。"燥"所從"囊"，乃因"驤"字而類化。"庚"，讀爲"行"。《毛傳》："行，翩也。"

〔八〕 集于囊喪："囊"，讀爲"苞"。

〔九〕 曷佳又崇："崇"，讀爲"常"。

〔十〕 肅＝囊翼：上章"鴇"之異體作"驤"，"驤"從"囊"聲，"囊"，讀爲"鴇"。

〔十一〕集于囊朸："朸"，讀爲"棘"。

〔十二〕不能執稷番："稷番"，據詩文韻例，當從《毛詩》作"番（黍）稷"。

〔十三〕佳又亙：據上章辭例，"佳"上可補"曷（曷）"字。"亙"，讀爲"亟"。楚文字"亙""亟"形音皆近。

附録:

《毛詩·唐風·鴇羽》

　　蕭蕭鴇羽，集于苞栩。王事靡盬，不能蓺稷黍，父母何怙？悠悠蒼天，曷其有所？

　　蕭蕭鴇翼，集于苞棘。王事靡盬，不能蓺黍稷，父母何食？悠悠蒼天，曷其有極？

　　蕭蕭鴇行，集于苞桑。王事靡盬，不能蓺稻粱，父母何嘗？悠悠蒼天，曷其有常？

篇末文字

【嚴格隸定】
　　魏九　葛婁[一]【百十七】

【寬式釋文】
　　魏九　葛屨【百十七】

注釋:
〔一〕　魏九　葛婁："魏","魏"字異體。"婁",讀爲"屨"。

參考文獻

（漢）許慎:《説文解字》，中華書局，1963 年。

（宋）朱熹:《詩集傳》，中華書局，2017 年。

（清）阮元校勘:《十三經注疏》，中華書局，1982 年。

（清）段玉裁:《説文解字注》，上海古籍出版社，1981 年。

（清）陳奂:《詩毛氏傳疏》，中國書店，1984 年。

（清）馬瑞辰:《毛詩傳箋通釋》，中華書局，1989 年。

（清）王先謙:《詩三家義集疏》，中華書局，1987 年。

白於藍:《戰國秦漢簡帛古書通假字彙纂》，福建人民出版社，2012 年。

程燕:《詩經異文輯考》，安徽大學出版社，2010 年。

高亨:《古字通假會典》，齊魯書社，1989 年。

高亨:《詩經今注》，上海古籍出版社，1980 年。

黄德寬、何琳儀、徐在國:《新出楚簡文字考》，安徽大學出版社，2007 年。

黄德寬、徐在國主編，安徽大學漢字發展與應用研究中心編:《安徽大學藏戰國竹簡（一）》，中西書局，2019 年。

荆門市博物館:《郭店楚墓竹簡》，文物出版社，1998 年。

李家浩:《安徽大學漢語言文字研究叢書·李家浩卷》，安徽大學出版社，2013 年。

清華大學出土文獻研究與保護中心編，李學勤主編：《清華大學藏戰國竹簡（壹）—（捌）》，中西書局，2010—2018 年。

林義光：《詩經通解》，中西書局，2012 年。

馬承源主編：《上海博物館藏戰國楚竹書（一）—（九）》，上海古籍出版社，2001—2012 年。

王輝：《古文字通假字典》，中華書局，2008 年。

徐在國主編，安徽大學漢字發展與應用研究中心編：《安大簡〈詩經〉研究》，中西書局，2022 年。

于省吾：《澤螺居詩經新證·澤螺居楚辭新證》，中華書局，2003 年。

袁梅：《詩經異文彙考辨證》，齊魯書社，2013 年。

趙平安：《新出簡帛與古文字古文獻研究》，商務印書館，2009 年。

程燕：《由安大簡〈君子偕老〉談起》，《戰國文字研究》第 1 輯，安徽大學出版社，2019 年。

程燕：《"谷"字探源——兼釋"谷"之相關字》，《語言科學》2018 年第 3 期。

程燕：《〈牆有茨〉新解》，《安徽大學學報（哲學社會科學版）》2018 年第 3 期。

程燕：《安大簡〈詩經〉用韻研究》，《漢字漢語研究》2020 年第 2 期。

程燕：《談楚文字中的"要"字》，《安徽大學學報（哲學社會科學版）》2017 年第 5 期。

郝士宏：《新出楚簡〈詩經·秦風〉異文箋證》，《安徽大學學報（哲學社會科學版）》2018 年第 3 期。

郝士宏：《從安大簡看〈詩經〉"采采"一詞的訓釋》，《戰國文字研究》第 1 輯，安徽大學出版社，2019 年。

何九盈：《古韻三十部歸字總論》，《音韻叢稿》，商務印書館，2002 年。

黃德寬、徐在國：《郭店楚簡文字考釋》，《吉林大學古籍整理研究所建所十五周年紀念文集》，吉林大學出版社，1998 年。

黃德寬：《説遷》，《古文字研究》第 24 輯，中華書局，2002 年。

黃德寬：《略論新出戰國楚簡〈詩經〉異文及其價值》，《安徽大學學報（哲學社會科學版）》2018 年第 3 期。

黃德寬：《釋甲骨文"叒（茁）"字》，《中國語文》2018 年第 6 期。

黃德寬：《釋新出戰國楚簡中的"湛"字》，《中山大學學報（社會科學版）》2018 年第 1 期。

黃德寬：《新出戰國楚簡〈詩經〉異文二題》，《中原文化研究》2017 年第 5 期。

黃天樹：《殷墟甲骨文所見夜間時稱考》，《黃天樹古文字論集》，學苑出版社，2006 年。

黃錫全：《從安大簡〈詩經〉的"蕭""椒"説到楚國的"戚郢"》，《出土文獻綜合研究集刊》第 18 輯，巴蜀書社，2023 年。

季旭昇：《從安大簡與上博簡合證〈孔子詩論〉"既曰天也"評的應是〈鄘風·君子偕老〉》，《安徽大學學報（哲學社會科學版）》2020 年第 5 期。

蔣玉斌：《説與戰國"沐"字有關的殷商金文字形》，《戰國文字研究的回顧與展望》，中西書局，2017 年。

李家浩：《"荔有梅"與"摽有梅"——爲安徽大學藏戰國竹簡〈詩經〉討論會而作》，《戰國文字研究》第 6 輯，安徽大學出版社，2022年。

李家浩：《包山楚簡的旌旆及其他》，《著名中年語言學家自選集·李家浩卷》，安徽教育出版社，2002 年。

李家浩：《信陽楚簡"澮"字及從"半"之字》，《中國語言學報》第1輯，商務印書館，1983年。

李家浩：《包山遣册考釋（四篇）》，《古籍整理研究學刊》2003年第5期。

李鵬輝：《談安大簡〈詩經〉中的"襄"及其相關字》，《戰國文字研究》第1輯，安徽大學出版社，2019年。

李鵬輝：《〈詩經〉"碩鼠"新證》，《北方論叢》2019年第6期。

李學勤：《從清華簡談到周代黎國》，《出土文獻》第1輯，中西書局，2010年。

李學勤：《包山楚簡"邮"即巴國説》，《四川師範大學學報（社會科學版）》2006年第6期。

劉剛：《〈詩·揚之水〉"卒章四言"新證》，《戰國文字研究》第1輯，安徽大學出版社，2019年。

劉剛：《釋"染"》，《中國文字學報》第8輯，商務印書館，2017年。

劉剛：《〈詩·秦風·晨風〉的再討論》，《漢字漢語研究》2020年第2期。

劉剛：《〈詩·秦風·小戎〉"蒙伐有苑"新考》，《中原文化研究》2017年第5期。

劉剛：《〈詩·鄘風·干旄〉臆解——以出土文獻和器物中的馬飾爲參照》，《北方論叢》2019年第6期。

劉剛：《〈詩經〉古義新解（二則）》，《語言科學》2018年第3期。

劉剛：《釋〈上博六·用曰〉20號簡的"裕"和"褊"——兼説"扁"聲字的上古音歸部問題》，《安徽大學學報（哲學社會科學版）》2017年第5期。

裘錫圭：《是"恆先"還是"極先"》，《二〇〇七中國簡帛學國際論壇論文集》，臺灣大學中國文學系，2007 年。

裘錫圭：《釋"侃""衍"》，《魯實先先生學術討論會論文集》，台灣師大國文系，1992 年。

吳國升：《讀〈安徽大學藏戰國竹簡〉（一）札記》，《漢字漢語研究》2020 年第 1 期。

徐在國：《〈詩·周南·葛覃〉"是刈是濩"解》，《安徽大學學報（哲學社會科學版）》2017 年第 5 期。

徐在國：《安大簡〈詩經·召南·摽有梅〉之篇名試解》，《北方論叢》2019 年第 6 期。

徐在國：《安徽大學藏戰國竹簡〈詩經〉詩序與異文》，《文物》2017 年第 9 期。

徐在國：《談〈詩·秦風·終南〉"顏如渥丹"之"丹"》，《漢字漢語研究》2020 年第 1 期。

徐在國：《談安大簡〈詩經〉的一個異文》，《湖南大學學報（社會科學版）》2019 年第 2 期。

徐在國：《談楚文字中的"兕"》，《中原文化研究》2017 年第 5 期。

徐在國：《"窈窕淑女"新解》，《漢字漢語研究》2019 年第 1 期。

徐在國、管樹強：《楚帛書"傾"字補説》，《語言科學》2018 年第 3 期。

徐在國：《據安大簡考釋銅器銘文一則》，《戰國文字研究》第 1 輯，安徽大學出版社，2019 年。

徐在國：《試説古文字中的"矛"及從"矛"的一些字》，《簡帛》第 17 輯，上海古籍出版社，2018 年。

徐在國：《釋楚簡"敊"兼及相關字》，《古文字研究》第 25 輯，中華書局，2004 年。

徐在國：《談安大簡"汎皮（彼）白（柏）舟"之"汎"》，《戰國文字研究》第 6 輯，安徽大學出版社，2022 年。

徐在國：《談安大簡〈詩經〉中的一些文字現象》，《中國文字學會第十屆學術年會會議論文集》，鄭州，2019 年。

趙平安：《對上古漢語語氣詞"只"的新認識》，《新出簡帛與古文字古文獻研究》，商務印書館，2009 年。

趙平安：《關於"圅"的形義來源》，《中國文字學報》第 2 輯，商務印書館，2008 年。

趙平安：《釋"釘"及相關諸字》，《語言》第 3 卷，首都師範大學出版社，2002 年。

趙平安：《釋曾侯乙墓竹簡中的"緯"和"桿"——兼及昆、黽的形體來源》，《簡帛》第 1 輯，上海古籍出版社，2006 年。

朱德熙：《長沙帛書考釋（五篇）》，《朱德熙古文字論集》，中華書局，1995 年。

圖　版

三　　　　　　二　　　　　　一

詩經・周南・關雎 / 葛覃

冊八 　 冊七 　 冊六

詩經·秦風·蒹葭/終南/黃鳥

五十四

五十三

五十二

詩經・秦風・渭陽／晨風／無衣／權輿　侯風・汾沮洳／陟岵

七十二

五十九

五十五

七十五

七十四

七十三

七十八

七十七

七十六

八十一

八十

七十九

八十四 八十三 八十二

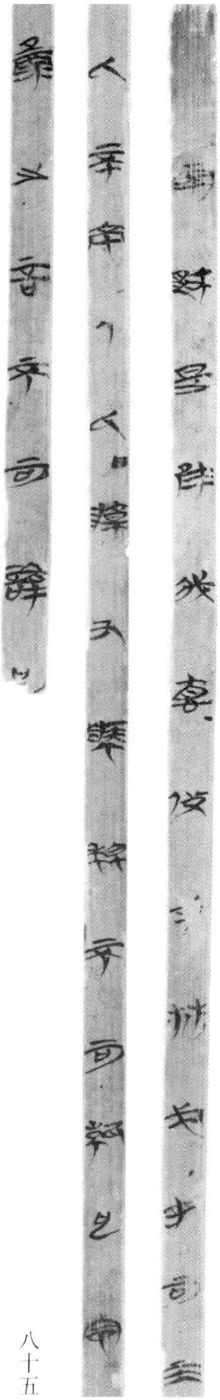

八十五

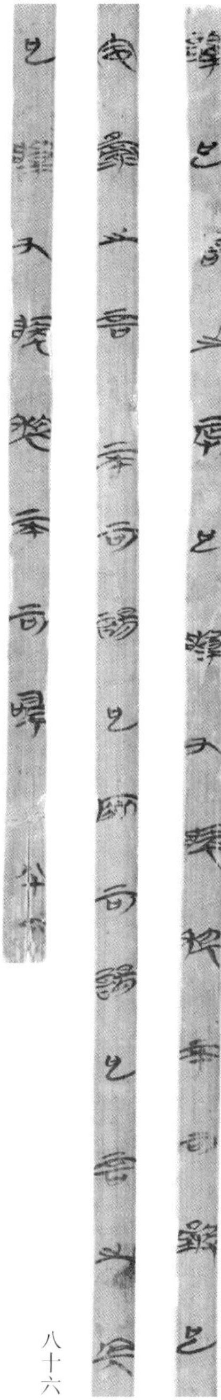

八十六

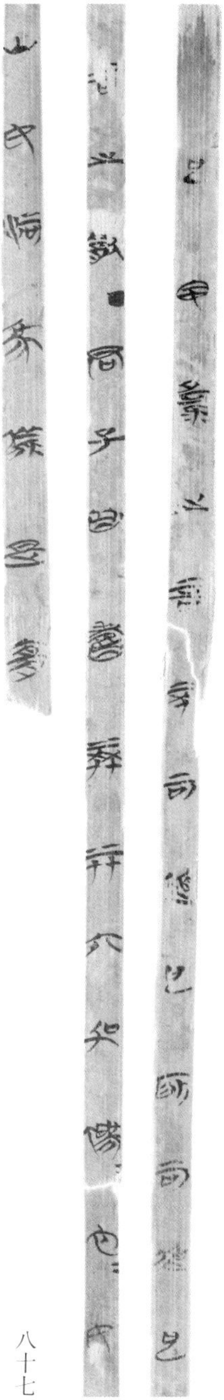

八十七

九十　　　　　　八十九　　　　　八十八

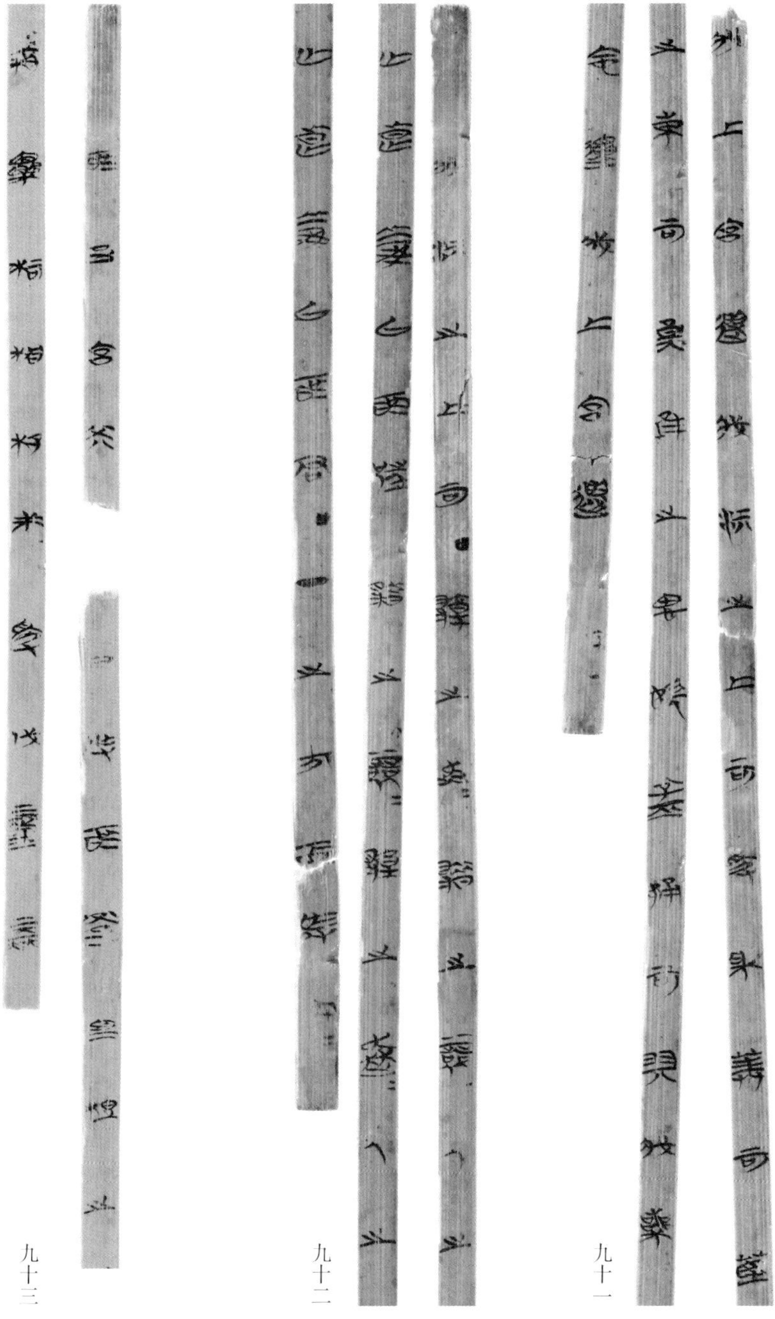

九十一

九十二

九十三

九十九

九十八

九十四

詩經・鄘風・定之方中/干旄

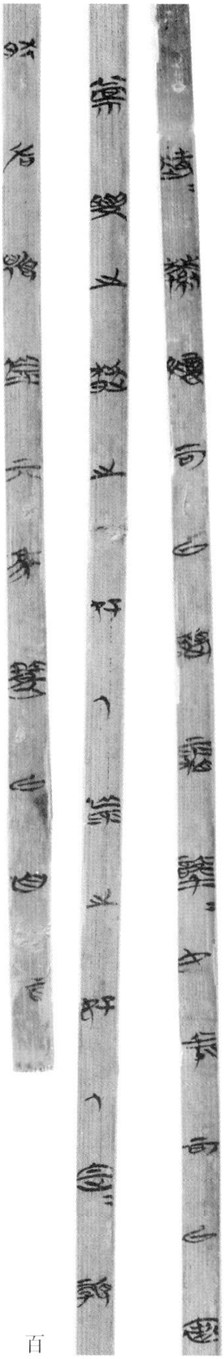

百

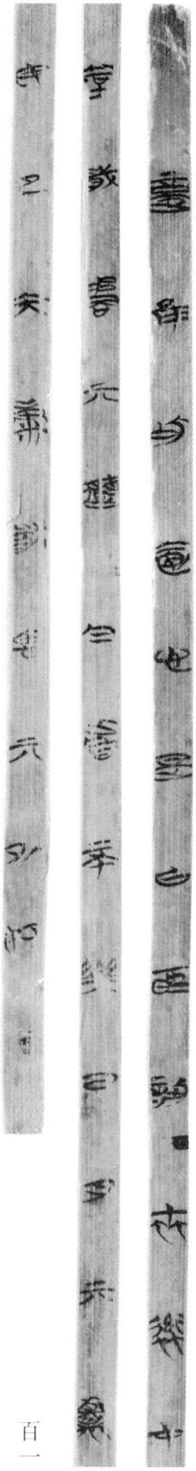

百一

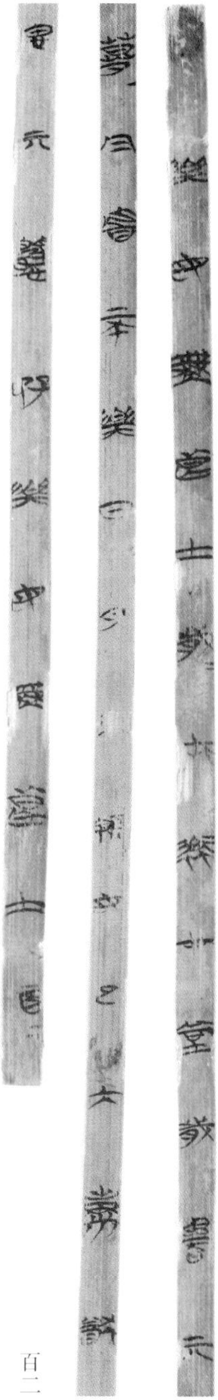

百二

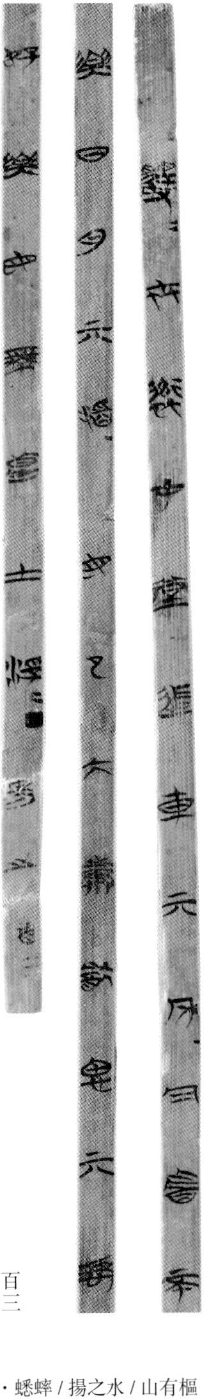

百三

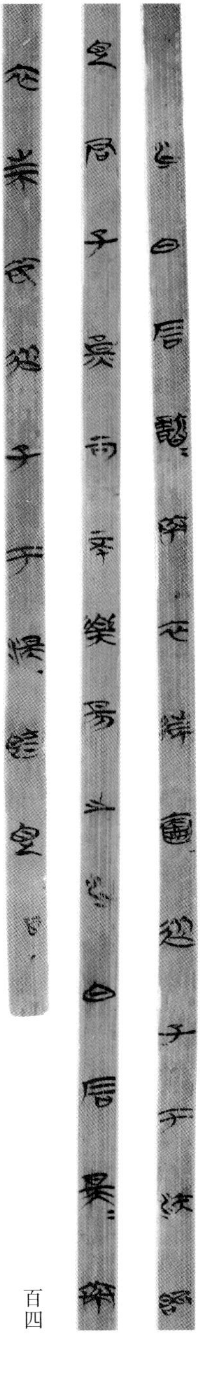

百四

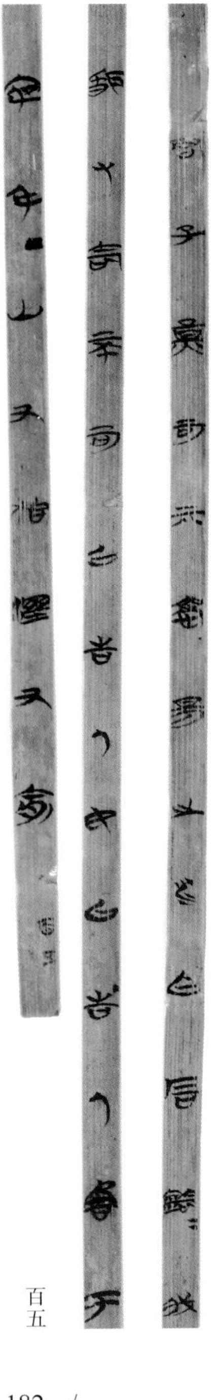

百五

百八　　百七　　百六

百十一　　　　　百十　　　　　百九

　　　　　詩經・魏風・椒聊 / 綢繆 / 有杕之社

百十四　百十三　百十二

百十七　　　　百十六　　　　百十五

後　記

　　《安徽大學藏戰國竹簡（一）》（中西書局，2019 年 8 月）出版後，引起了學術界的廣泛關注。該書先後榮獲 "2019—2020 年度安徽省社會科學獎" 一等獎（2022 年 12 月）、"第九屆高等學校科學研究優秀成果獎（人文社會科學）" 三等獎（2024 年 7 月）以及全國古籍出版社年度百佳圖書（2019 年）二等獎、第二十三屆華東地區古籍優秀圖書獎（2019 年）特等獎。

　　爲了方便更多的讀者使用，安徽大學漢字發展與應用研究中心決定編纂 "安徽大學藏戰國竹簡·詩經"，具體分工如下：徐在國負責《周南》，程燕負責《召南》，郝士宏負責《秦風》，夏大兆負責《侯風》，劉剛負責《魏風》，周翔負責《鄘風》。圖版由李鵬輝負責。

　　本書是國家社科基金冷門絕學研究專項學術團隊項目 "安大藏戰國竹簡儒家類文獻的整理與研究"（21VJXT006）的階段性成果。

　　最後向中西書局秦志華社長以及田穎、楊珂編輯表示感謝！

圖書在版編目（CIP）數據

安徽大學藏戰國竹簡. 詩經 / 安徽大學漢字發展與

應用中心編 ; 黃德寬, 徐在國主編. -- 上海 : 中西書

局, 2024（2025.6重印）. -- ISBN 978-7-5475-2294-3

Ⅰ. K877.5

中國國家版本館CIP數據核字第2024BL3420號

安徽大學藏戰國竹簡·詩經

安徽大學漢字發展與應用中心 編 黃德寬 徐在國 主編

責任編輯	田　穎
助理編輯	楊　珂
裝幀設計	梁業禮
責任印制	朱人傑

出版發行	上海世紀出版集團
	®中西書局 (www.zxpress.com.cn)
地　址	上海市閔行區號景路159弄B座（郵政編碼：201101）
印　刷	上海盛通時代印刷有限公司
開　本	890×1240毫米　1/32
印　張	6.125
字　數	143 000
版　次	2024年12月第1版　2025年6月第2次印刷
書　號	ISBN 978-7-5475-2294-3 / K·471
定　價	68.00元

本書如有質量問題，請與承印廠聯系。電話: 021-37910000